Okusi Italije

Raziskovanje Pristnih Okusov Sredozemske Kulinarike

Ana Novak

KAZALO

creme brulee 9

Skodelice mascarponeja in kave 12

»gora« kostanjevih dreves 14

Čokoladni puding 17

Riž s čokoladnimi koščki 19

Kavna karamelna krema 22

Čokoladna krema karamela 25

Amaretti karamelna krema 28

Preprost sirup za granito 31

Limonin granit 32

Zamrznjena lubenica 34

mandarinski granit 36

Jagodno vino granita 38

Kavni granit 40

Citrus in campari granit 42

Granita iz bele breskve in prosecco 44

čokoladni sorbet 46

Prosecco limonina granita 48

Granita Rosa Prosecco 50

sladoled" 52

Limonin sladoled 54

ricotta sladoled 55

mascarpone sladoled 57

cimetov sladoled 59

espresso sladoled 61

Oreščki in karamelni sladoled 63

Medeni sladoled z nugatom 66

Sladoled Amaretti 69

Utopljeni sladoled 71

Sladoled z balzamičnim kisom 72

Zamrznjeni tartufi 73

Skodelice mandljeve kreme 76

oranžna pena 79

mandljev semifredo 82

Firentinska zamrznjena torta 85

Mascarpone omaka z medom 88

Sveža sveža omaka 89

Vroča omaka iz rdečega sadja 90

Malinova omaka vse leto 91

vroča čokoladna omaka 93

mačji jezik 94

Zdrobovi piškoti 97

Zveni Vin Santo 100

Marsala piškoti 102

piškoti s sezamovim vinom 105

sezamovi piškoti 107

janeževe torte 110

pečena čebula 113

Čebula z balzamičnim kisom 115

Konfit iz rdeče čebule 117

Solata iz pečene čebule in rdeče pese 119

Biserna čebula z medom in pomarančo 121

Grah s čebulo 123

Grah s pršutom in zeleno čebulo 125

Sladki grah s solato in meto 127

Velikonočna grahova solata 129

pečena paprika 131

Solata iz pečene paprike 133

Pečena paprika s čebulo in zelišči 134

Pečena paprika s paradižnikom 136

Paprike z balzamičnim kisom 138

vložene paprike 140

Paprika z mandlji 142

Paprika s paradižnikom in čebulo ... 144

Polnjene paprike ... 146

Napolitanske polnjene paprike ... 149

Polnjene paprike na način Ada Boni ... 152

Ocvrta paprika ... 154

Dušene paprike z bučkami in meto ... 156

Terina pečene paprike in jajčevca ... 158

kisli krompir ... 161

Krompir z balzamičnim kisom ... 163

Tunino nabodalo s pomarančo ... 165

Tuna in poper na žaru na moliški način ... 168

Tuna na žaru z limono in origanom ... 171

Hrustljavi tunini fileji na žaru ... 173

Tuna na žaru s pestom iz rukole ... 175

Tunina in fižolova enolončnica Cannellini ... 177

Sicilijanska mečarica s čebulo ... 179

Beneški krompir ... 181

"Žagan" krompir. ... 183

Pražen krompir in paprika ... 185

Krompirjev pire s peteršiljem in česnom ... 187

Mlad krompir z zelišči in slanino ... 189

Krompir s paradižnikom in čebulo ... 191

Pražen krompir s česnom in rožmarinom 193

Pečen krompir z gobami 195

Krompir in cvetača, bazilikata 197

Krompir in zelje v ponvi 199

Krompirjeva in špinačna pita 201

Napolitanski krompirjevi kroketi 204

Očetova neapeljska krompirjeva pita 207

ocvrt paradižnik 210

na pari kuhan paradižnik 212

pečen paradižnik 213

Farro polnjeni paradižniki 215

Rimski polnjeni paradižniki 218

Pečen paradižnik z balzamičnim kisom 220

bučkin karpačo 222

creme brulee

krema bruciata

Za 4 porcije

V restavraciji Il Matriciano v Rimu creme brûlée pripravljajo v velikih ponvah. Kremna osnova je gosta in bogata z rumenjaki in smetano, vrh karamele pa trd, rahel in hrustljav kot karamela. To je moja interpretacija njegove različice.

2 skodelici težke smetane

3 žlice sladkorja

4 veliki rumenjaki

1 žlička čistega vanilijevega ekstrakta

Dodaj

1 1/2 skodelice sladkorja

3 žlice vode

1. Na sredino pečice postavite rešetko. Pečico segrejte na 300° F. Pripravite plitev pekač za 4 skodelice in rešetko za hlajenje.

2. V srednje veliki ponvi zmešajte smetano in sladkor. Na zmernem ognju zavremo in mešamo, da se sladkor raztopi.

3. V veliki skledi stepemo rumenjake in vanilijo. Ob stalnem mešanju prilijemo vročo smetano in zmes vlijemo v pekač.

4. Pekač postavimo v večji pekač. Pekač postavimo v pečico. Previdno nalijte vročo vodo v večji lonec, dokler ne doseže globine 1 palca ob strani lonca. Pecite 45 do 50 minut, dokler niso čvrsti, vendar še vedno rahlo mehki v sredini. Pekač prestavite na rešetko, da se ohladi 30 minut. Pokrijte in ohladite.

5. Do 12 ur pred serviranjem zmešajte sladkor in vodo v majhni, težki kozici. Na zmernem ognju med občasnim mešanjem kuhamo, dokler se sladkor popolnoma ne raztopi, približno 3 minute. Ko mešanica začne vreti, prenehajte z mešanjem in kuhajte, dokler sirup ne začne po robovih rjaveti. Nato nežno mešajte ponev nad ognjem,

dokler sirup ni enakomerno zlato rjave barve, še približno 2 minuti.

6. S papirnato brisačo obrišemo površino ohlajene kremne zmesi na pekaču. Po vrhu previdno prelijemo vroč sirup. Posodo vrnemo v hladilnik za 10 minut, da se karamela strdi.

7. Za serviranje karamelo nalomite z robom žlice. Smetano in karamelo vlijemo v servirni krožnik.

Skodelice mascarponeja in kave

Kozarec za mascarpone v kavarni Caffè

Za 6 obrokov

Čeprav se mascarpone običajno izdeluje v Lombardiji, se pogosto uporablja v beneških sladicah. Ta meša kavo in arome v mascarpone in smetano, s sesekljano čokolado, ki ji daje teksturo. Podoben je tiramisuju, ki je prav tako iz Benečije, čeprav ne vsebuje piškotov.

Za to sladico ali katero koli drugo v tej knjigi ne potrebujete modne opreme za espresso. Uporabite lahko navaden kavni avtomat ali celo instant espresso.

1/3 skodelice močnega, vročega espressa

1 1/4 skodelice sladkorja

1/4 skodelice žganja ali ruma

4 unče (1/2 skodelice) mascarponeja pri sobni temperaturi

1 skodelica smetane ali smetane za stepanje

1 1/2 skodelice sesekljane polsladke čokolade (približno 2 unči)

1. Vsaj 20 minut, preden ste pripravljeni na pripravo sladice, postavite srednjo skledo in lopatice električnega mešalnika v hladilnik. Zmešajte espresso in sladkor. Mešajte, dokler se sladkor ne raztopi. Dodajte konjak. Pustite, da se ohladi na sobno temperaturo.

2. V veliki skledi zmešajte mascarpone in kavo do gladkega. Vzamemo skledo in jo vzamemo iz hladilnika. Smetano vlijemo v skledo in stepamo na visoki hitrosti, dokler ne obdrži svoje oblike, ko metlice dvignemo, približno 4 minute.

3. S gibljivo lopatko kremo nežno vmešajte v mešanico mascarponeja. 2 žlici čokolade rezerviramo za dekoracijo, preostalo čokolado pa dodamo mascarponeju.

4. Zmes vlijemo v šest kozarcev. Potresemo s prihranjeno čokolado. Pokrijte in ohladite 1 uro ali čez noč.

»gora« kostanjevih dreves

bela zbirka

Za 6 obrokov

Ta gora kostanjevega pireja, stepene smetane in čokoladnih ostružkov je dobila ime po Mont Blancu, v italijanščini Monte Bianco, eni izmed Alp, ki ločuje Francijo in Italijo v dolini Aoste.

Svež kostanj skuhamo v lupini, ga nato olupimo in začinimo z rumom in čokolado, da naredimo to praznično sladico. Kuhanju in lupljenju se lahko izognete tako, da zamenjate vakuumsko pakirane kuhane kostanje, cele ali v kosih, ki se prodajajo v kozarcih ali pločevinkah. Večino recepta lahko pripravite nekaj ur pred postrežbo.

1 funt svežega kostanja ali nadomestek 1 funt kuhanega nesladkanega vakuumsko pakiranega kostanja

1 čajna žlička soli

2 skodelici polnomastnega mleka

1 1/2 skodelice sladkorja

3 unče grenke sladke čokolade, stopljene

2 žlici temnega ali svetlega ruma ali žganja

1 skodelica smetane ali smetane za stepanje

1 1/2 žličke čistega vanilijevega ekstrakta

Naribana grenka čokolada za okras

1. Če uporabljate sveže kostanje, jih položite na desko za rezanje z ravno stranjo navzdol. Z majhnim ostrim nožem zarežite lupino, ne da bi zarezali v kostanj. Kostanj damo v ponev z mrzlo vodo, dokler ni prekrit za dva centimetra in solimo. Zavremo in kuhamo do mehkega, ko ga prebodemo z nožem, približno 15 minut. Pustimo, da se malo ohladi v vodi. Kostanj enega za drugim poberemo iz vode in ga še toplega olupimo, pri čemer odstranimo tako zunanjo kot notranjo lupino.

2. Olupljene ali vakuumsko pakirane kostanje dajte v srednje veliko ponev. Dodamo mleko in sladkor ter zavremo. Pokrijte in med občasnim mešanjem kuhajte toliko časa, da

se kostanj zmehča, a še ohrani obliko, cca. 10 minut za vakuumsko pakirane ali 20 minut za sveže tablete.

3. Kostanj in tekočino od kuhanja damo v sekljalnik skupaj z rumom. Postopek do gladkega, približno 3 minute. Dodamo stopljeno čokolado. Pustite, da se ohladi na sobno temperaturo.

4. Mešanico vlijemo v kuhinjski robot, opremljen z rezilom z velikimi luknjami, ali v mešalnik krompirja. Kostanjev mlin držite na servirnem krožniku, kostanjevo zmes povaljajte po rezilu, da oblikujete stožec ali "goro". (Lahko se pripravi do 3 ure vnaprej. Pokrijte s plastično folijo in shranite na hladnem sobni temperaturi.)

5. Vsaj 20 minut pred serviranjem postavite veliko skledo in metlico iz električnega mešalnika v hladilnik. Vzamemo skledo in jo vzamemo iz hladilnika. Smetano vlijemo v skledo in stepamo na visoki hitrosti, dokler ne obdrži svoje oblike, ko metlice dvignemo, približno 4 minute.

6. Kremo prelijemo čez kostanjevo "goro" in pustimo, da z vrha nežno pada kot sneg. Okrasite z naribano čokolado.

Čokoladni puding

Čokoladna krema

Za 8 obrokov

Kakav, čokolada in smetana naredijo to sladico bogato, kremasto in okusno. Postrezite v majhnih porcijah s smetano in naribano čokolado.

2/3 skodelice sladkorja

1 1/4 skodelice koruznega škroba

3 žlice nesladkanega kakava v prahu

1 1/4 čajne žličke soli

2 skodelici polnomastnega mleka

1 skodelica težke smetane

4 unče temne ali polsladke čokolade, sesekljane, plus dodatek za okras (neobvezno)

1. V veliko skledo presejte 1/3 skodelice sladkorja, koruznega škroba, kakava in soli. Dodajte 1/4 skodelice mleka, dokler ni gladka in dobro premešana.

2. V veliki ponvi zmešajte 1/3 skodelice sladkorja, 13/4 skodelice mleka in smetano. Na zmernem ognju ob pogostem mešanju kuhamo toliko časa, da se sladkor raztopi in zmes zavre pribl. 3 minute

3. Kakavovo mešanico z mešalnikom stepemo v vročo mlečno zmes. Med mešanjem kuhajte, dokler mešanica ne zavre. Zmanjšajte toploto na nizko in kuhajte, dokler se ne zgosti in postane gladka, še 1 minuto.

4. Vsebino ponve stresemo v večjo skledo. Dodajte čokolado in mešajte, dokler se ne stopi in postane gladka. Tesno pokrijte s plastično folijo, folijo postavite blizu površine pudinga, da preprečite nastanek kožice. Hladite, dokler se ne ohladi, 3 ure do čez noč.

5. Za serviranje puding prelijemo v desertne posodice. Po želji okrasite z nekaj sesekljane čokolade in postrezite.

Riž s čokoladnimi koščki

Čokoladni rižev puding

Za 6 obrokov

Ta kremasti riž sem jedla v Bologni, kjer so riževe torte in pudingi zelo priljubljeni. Šele ko sem ga poskusil, sem ugotovil, da je tisto, kar je bilo videti kot rozine, v resnici koščki grenke čokolade. Stepena smetana popestri ta bogat puding, narejen iz srednjezrnatega italijanskega riža. Postrežemo sami ali v spremstvuMalinova omaka vse letonobena od njihvroča čokoladna omaka.

6 skodelic polnomastnega mleka

3 1/4 skodelice srednjezrnatega riža, kot je Arborio, Carnaroli ali Vialone Nano

1 1/2 čajne žličke soli

3 1/4 skodelice sladkorja

2 žlici temnega ruma ali konjaka

1 žlička čistega vanilijevega ekstrakta

1 skodelica smetane ali smetane za stepanje

3 unče grenke sladke čokolade, sesekljane

1. V velikem loncu zmešajte mleko, riž in sol. Mleko zavrite in med občasnim mešanjem kuhajte, dokler riž ni zelo mehak in se mleko vpije, približno 35 minut.

2. Kuhan riž prestavimo v veliko skledo. Dodamo sladkor in pustimo, da se ohladi na sobno temperaturo. Dodamo rum in vanilijo.

3. Vsaj 20 minut preden ste pripravljeni na pripravo sladice, postavite veliko skledo in stepite z električnim mešalnikom v hladilnik.

4. Skledo in palčke vzemite iz hladilnika, ko se ohladijo. Smetano vlijemo v skledo in stepamo na visoki hitrosti, dokler ne obdrži svoje oblike, ko metlice dvignemo, približno 4 minute.

5. Z gibljivo lopatko vmešajte stepeno smetano in sesekljano čokolado v riževo mešanico. Postrezite takoj ali pokrijte in ohladite.

Kavna karamelna krema

Kavni kruh

Za 6 obrokov

Ta stari toskanski recept ima konsistenco karamelne kreme, vendar ne vsebuje niti mleka niti smetane. Krema je bogata, temna in gosta, vendar ne tako težka, kot če bi bila narejena s smetano. Italijansko ime pove, da so ga prej pekli v obliki kruha kot štruco, nesramno v italijanščini.

2 skodelici močnega, vročega espressa

1 1/2 dl sladkorja

2 žlici vode

5 velikih jajc

1 žlica ruma ali konjaka

1. Na sredino pečice postavite rešetko. Pečico segrejte na 350° F. Pripravite 6 toplotno odpornih skodelic za kremo.

2. V veliki skledi stepajte espresso s 3/4 skodelice sladkorja, dokler se sladkor ne raztopi. Pustite, dokler se kava ne segreje na sobno temperaturo, približno 30 minut.

3. V majhni, težki kozici zmešajte preostalih 3/4 skodelice sladkorja in vode. Na zmernem ognju med občasnim mešanjem kuhamo, dokler se sladkor popolnoma ne raztopi, približno 3 minute. Ko mešanica začne vreti, prenehajte z mešanjem in kuhajte, dokler sirup ne začne po robovih rjaveti. Nato nežno mešajte ponev nad ognjem, dokler sirup ni enakomerno zlato rjave barve, še približno 2 minuti. Zaščitite roko z rokavico in vročo karamelo takoj nalijte v kozarce za kremo.

4. V veliki skledi stepajte jajca, dokler se ne združijo. Dodamo hladno kavo in rum. Mešanico prelijte skozi fino mrežasto cedilo v skledo, nato dodajte v skodelice za kremo.

5. Skodelice položimo na velik pekač. Pekač postavite na sredino pečice, nato pa vanj nalijte vročo vodo do globine 1 cm. Pecite 30 minut ali dokler nož, vstavljen 1/2 palca od središča kreme, ne pride ven čist. Skodelice prestavite iz

pekača na rešetko, da se ohladijo. Pokrijte in ohladite vsaj 3 ure ali čez noč.

6. Za serviranje z majhnim nožem potegnite po notranjosti vsakega kozarca za smetano. Vložite na krožnik in takoj postrezite.

Čokoladna krema karamela

Creme karamelna čokolada

Za 6 obrokov

Crème karamela je mehka in svilnato zapečena krema. Všeč mi je ta različica, z okusom čokolade, ki sem jo jedel v Rimu.

Sladkarije

$3$1/4 skodelice sladkorja

2 žlici vode

krema

2 skodelici polnomastnega mleka

4 unče grenke ali polsladke čokolade, sesekljane

$3$1/4 skodelice sladkorja

4 velika jajca

2 velika rumenjaka

1. Na sredino pečice postavite rešetko. Pečico segrejte na 350° F. Pripravite 6 toplotno odpornih skodelic za kremo.

2. Pripravite karamelo: v težki kozici zmešajte sladkor in vodo. Na zmernem ognju med občasnim mešanjem kuhamo, dokler se sladkor popolnoma ne raztopi, približno 3 minute. Ko mešanica začne vreti, prenehajte z mešanjem in kuhajte, dokler sirup ne začne po robovih rjaveti. Nato nežno mešajte ponev nad ognjem, dokler sirup ni enakomerno zlato rjave barve, še približno 2 minuti. Zaščitite roko z rokavico in vročo karamelo takoj nalijte v kozarce za kremo.

3. Pripravite kremo: V majhni kozici segrevajte mleko na majhnem ognju, dokler se ob robovih ne naredijo majhni mehurčki. Odstranite z ognja. Dodamo čokolado in preostalih 3/4 dl sladkorja ter pustimo stati, da se čokolada stopi. Mešajte, dokler se ne združi.

4. V veliki skledi stepamo jajca in rumenjake, dokler se ne združijo. Dodajte mlečno čokolado. Mešanico prelijte skozi fino mrežasto cedilo v skledo, nato dodajte v skodelice za kremo.

5. Skodelice položimo na velik pekač. Postavite na sredino pečice. V ponev previdno nalijte vročo vodo do globine 1 cm. Pecite 20 do 25 minut ali dokler nož, vstavljen 1/2 palca od sredine kreme, ne pride ven čist. Skodelice prestavite iz pekača na rešetko, da se ohladijo. Pokrijte in ohladite vsaj 3 ure ali čez noč.

6. Za serviranje z majhnim nožem potegnite po notranjosti vsakega kozarca za smetano. Vložite na krožnik in takoj postrezite.

Amaretti karamelna krema

kosti

Za 8 obrokov

Plamen je običajno blag, vendar je ta piemontska različica prijetno zrnata, ker je narejena iz zdrobljenih krekerjev amaretti. Pogosto se kuha v skledi, ime pa izhaja iz narečne besede za krono klobuka. Tole najraje spečem v tortnem pekaču (ne v vzmetnem), ker je tako lažje rezati in servirati.

Sladkarije

2/3 skodelice sladkorja

1 1/4 skodelice vode

krema

3 skodelice polnomastnega mleka

4 velika jajca

1 skodelica sladkorja

1 skodelica nizozemsko predelanega nesladkanega kakava v prahu

3/4 skodelice fino zdrobljenih uvoženih italijanskih krekerjev amaretti (približno 12)

2 žlici temnega ruma

1 žlička čistega vanilijevega ekstrakta

1. Pripravite karamelo: v težki kozici zmešajte sladkor in vodo. Na zmernem ognju med občasnim mešanjem kuhamo, dokler se sladkor popolnoma ne raztopi, približno 3 minute. Ko mešanica začne vreti, prenehajte z mešanjem in kuhajte, dokler sirup ne začne po robovih rjaveti. Nato nežno mešajte ponev nad ognjem, dokler sirup ni enakomerno zlato rjave barve, še približno 2 minuti. Zaščitite roko z rokavico za pečico in takoj vlijte karamelo v 8- ali 9-palčni pekač za torte. Pekač nagnemo, da dno in del sten prekrije karamela.

2. Na sredino pečice postavite rešetko. Pečico segrejte na 325° F. Na sredino pečice postavite dovolj velik pekač, da lahko držite pekač.

3. Pripravite kremo: v veliki kozici na majhnem ognju segrevajte mleko, dokler se ob robu ne naredijo majhni mehurčki.

4. Medtem v veliki skledi stepamo jajca s sladkorjem, dokler se ne združijo. Dodamo kakav, tortne drobtine, rum in vanilijo. Postopoma dodajte toplo mleko.

5. Mešanico skute vlijemo skozi fino mrežasto cedilo v pripravljen pekač. Pekač postavimo na sredino pekača. V ponev previdno nalijte zelo vročo vodo do globine 1 palca.

6. Pecite 1 uro in 10 minut ali dokler se zgornji del ne strdi, sredina pa je še vedno rahlo zavita. (Zaščitite roko z rokavico za pečico, nežno stresite ponev.) Pripravite rešetko za hlajenje. Pekač prestavimo na rešetko, da se ohladi 15 minut. Pokrijte in postavite v hladilnik za 3 ure do čez noč.

7. Z majhnim nožem potegnite po notranjem robu ponve, da odstranite plesen. Kremo zvrnemo na krožnik. Razrežite za takojšnjo serviranje.

Preprost sirup za granito

Naredi 1 1/4 skodelice

Če želite granite pripraviti kadar koli, podvojite ali potrojite ta recept in shranite v zaprtem kozarcu v hladilniku do dva tedna.

1 skodelica hladne vode

1 skodelica sladkorja

1. V majhni kozici zmešajte vodo in sladkor. Na zmernem ognju zavrite in med občasnim mešanjem kuhajte, dokler se sladkor ne raztopi, približno 3 minute.

2. Pustite, da se sirup nekoliko ohladi. Nalijte v posodo, pokrijte in ohladite do uporabe.

Limonin granit

Limonin granit

Za 6 obrokov

Vrhunska poletna osvežitev: postrezite tako, kot je, z rezino limone in vejico mete ali pa jo vmešajte v poletne koktajle. Limonina granita je tudi dober affogato, kar pomeni "utopljen", z kančkom žganja ali limoncella, slastnega Caprijevega limoninega likerja.

1 skodelica vode

2/3 skodelice sladkorja

2 1/2 dl ledenih kock

1 čajna žlička limonine lupinice

1 1/2 skodelice sveže iztisnjenega limoninega soka

1. V majhni kozici zmešajte vodo in sladkor. Na zmernem ognju zavrite in med občasnim mešanjem kuhajte, dokler se sladkor ne raztopi, približno 3 minute. Naj se malo ohladi.

Ledene kocke dajte v večjo skledo in ledene kocke prelijte s sirupom. Mešajte, dokler se led ne stopi. Hladite, dokler se ne ohladi, približno 1 uro.

2. V zamrzovalniku ohladite kovinsko ponev velikosti 13 x 9 x 2 palca. V srednje veliki skledi zmešajte sladkorni sirup, limonino lupinico in limonin sok. Pekač vzamemo iz zamrzovalnika in vanj vlijemo zmes. Zamrznite za 30 minut ali dokler se okoli robov ne oblikuje 1-palčni rob ledenih kristalov.

3. V sredino mešanice vmešajte ledene kristale. Ponev vrnite v zamrzovalnik in nadaljujte z zamrzovanjem, vsakih 30 minut mešajte, dokler vsa tekočina ne zamrzne, pribl. Od 2 do 21/2 ure. Postrezite takoj ali zmes strgajte v plastično posodo, pokrijte in hranite v hladilniku do 24 ur.

4. Po potrebi vzamemo iz zamrzovalnika, da se zmehča cca. 15 minut pred serviranjem.

Zamrznjena lubenica

Granita iz lubenice

Za 6 obrokov

Okus te granite je tako koncentriran in svežina tako osvežujoča, da je morda celo boljša od sveže lubenice. Je priljubljena na Siciliji, kjer so poletja lahko izjemno vroča.

1 skodelica vode

1 1/2 skodelice sladkorja

4 skodelice koščkov lubenice brez koščic

2 žlici svežega limoninega soka ali po okusu

1. V majhni kozici zmešajte vodo s sladkorjem. Na zmernem ognju zavrite, nato med občasnim mešanjem kuhajte, dokler se sladkor ne raztopi, približno 3 minute. Pustite, da se rahlo ohladi, nato pa v hladilniku, dokler se ne ohladi, približno 1 uro.

2. V zamrzovalniku ohladite kovinsko ponev velikosti 13 x 9 x 2 palca. Koščke lubenice dajte v blender ali kuhinjski robot in mešajte do gladkega. Precedite skozi sito z drobno mrežico v skledo, da odstranite morebitne koščke semen. Imeti morate približno 2 skodelici soka.

3. V veliki skledi zmešajte sok in sirup. Po okusu dodajte limonin sok.

4. Pekač vzamemo iz zamrzovalnika in vanj vlijemo zmes. Zamrznite za 30 minut ali dokler se okoli robov ne oblikuje 1-palčni rob ledenih kristalov. V sredino mešanice vmešajte ledene kristale. Ponev vrnite v zamrzovalnik in nadaljujte z zamrzovanjem, vsakih 30 minut mešajte, dokler vsa tekočina ne zamrzne, pribl. Od 2 do 21/2 ure. Postrezite takoj ali zmes strgajte v plastično posodo, pokrijte in hranite v hladilniku do 24 ur.

5. Po potrebi vzamemo iz zamrzovalnika, da se zmehča cca. 15 minut pred serviranjem.

mandarinski granit

Mandarinski granit

Za 4 porcije

Južna Italija je bogata z vsemi vrstami citrusov. Ta granit sem imel v Tarantu v Pugliji. Tako lahko pripravite sok mandarine, tangelo, klementine ali mandarine.

Naj vas ne zamika, da bi tej mešanici dodali več alkohola, sicer lahko alkohol prepreči zamrznitev.

1 skodelica hladnopreprost sirup

1 skodelica svežega mandarininega soka (iz približno 4 srednje velikih mandarin)

1 čajna žlička sveže naribane lupine mandarine

2 žlici mandarininega ali pomarančnega likerja

1. Po potrebi pripravite preprost sirup in ga ohladite. Nato v zamrzovalnik postavite kovinsko posodo velikosti 13 x 9 x 2 palca.

2. V veliki skledi zmešajte sok, lupino, sirup in liker, dokler se dobro ne združijo. Hladen lonec vzamemo iz zamrzovalnika in vanj vlijemo tekočino.

3. Pekač postavite v zamrzovalnik za 30 minut ali dokler se okoli robov ne oblikuje 1-palčni rob ledenih kristalov. V sredino mešanice vmešajte ledene kristale. Ponev vrnite v zamrzovalnik in nadaljujte z zamrzovanjem, vsakih 30 minut mešajte, dokler vsa tekočina ne zamrzne, pribl. Od 2 do 21/2 ure. Postrezite takoj ali zmes strgajte v plastično posodo, pokrijte in hranite v hladilniku do 24 ur.

4. Po potrebi vzamemo iz zamrzovalnika, da se zmehča cca. 15 minut pred serviranjem.

Jagodno vino granita

Granita di Fragola al Vino

Za 6 do 8 obrokov

S svežimi zrelimi jagodami je to okusno, a tudi običajne jagode so v tem blatu odlične.

2 skodelici jagod, opranih in olupljenih

1 1/2 skodelice sladkorja ali po okusu

1 skodelica suhega belega vina

2 ali 3 žlice svežega limoninega soka

1. Postavite 13 x 9 x 2-palčno ponev v zamrzovalnik, da se ohladi. Jagode prerežemo na pol ali, če so velike, na četrtine. V veliko ponev dajte jagode, sladkor in vino. Zavremo in med občasnim mešanjem kuhamo 5 minut, dokler se sladkor ne raztopi. Odstranite z ognja in pustite, da se ohladi. Hladite, dokler se ne ohladi, vsaj 1 uro.

2. Zmes vlijemo v kuhinjski robot ali mešalnik. Pire do gladkega. Po okusu dodajte limonin sok.

3. Ohlajen pekač vzamemo iz zamrzovalnika in zmes vlijemo v pekač. Pekač postavite v zamrzovalnik za 30 minut ali dokler se okoli robov ne oblikuje 1-palčni rob ledenih kristalov. V sredino mešanice vmešajte ledene kristale. Ponev vrnite v zamrzovalnik in nadaljujte z zamrzovanjem, vsakih 30 minut mešajte, dokler vsa tekočina ne zamrzne, pribl. Od 2 do 21/2 ure. Postrezite takoj ali zmes strgajte v plastično posodo, pokrijte in hranite v hladilniku do 24 ur.

4. Po potrebi vzamemo iz zamrzovalnika, da se zmehča cca. 15 minut pred serviranjem.

Kavni granit

Kavna granita

Za 8 obrokov

Caffè Tazza d'Oro, blizu Panteona v Rimu, pripravlja eno najboljših kav v mestu. Poleti tako turisti kot domačini preklopijo na njihovo granito di caffè, espresso sladoled, ki ga postrežejo s kančkom sveže stepene smetane ali brez. Je enostaven za pripravo in osvežilen po poletnem obroku.

4 skodelice vode

5 polnih čajnih žličk instant espressa v prahu

Od 2 do 4 žlice sladkorja

Stepena smetana (neobvezno)

1. Postavite 13 x 9 x 2-palčno ponev v zamrzovalnik, da se ohladi. Zavremo vodo. Odstranite z ognja. Dodajte instant espresso v prahu in sladkor po okusu. Pustite, da se nekoliko ohladi, nato pokrijte. Hladite, dokler se ne ohladi, približno 1 uro.

2. Hladen pekač vzamemo iz zamrzovalnika in vanj vlijemo kavo. Zamrznite, dokler se okoli robov ne oblikuje 1-palčni rob ledenih kristalov. V sredino mešanice vmešajte ledene kristale. Ponev vrnite v zamrzovalnik in nadaljujte z zamrzovanjem, vsakih 30 minut mešajte, dokler vsa tekočina ne zamrzne, pribl. Od 2 do 21/2 ure.

3. Takoj postrezite, prelite s stepeno smetano, če jo uporabljate, ali mešanico strgajte v plastično posodo, pokrijte in hranite v hladilniku do 24 ur.

4. Po potrebi vzamemo iz zamrzovalnika, da se zmehča cca. 15 minut pred serviranjem.

Citrus in campari granit

Granita di Grumi in Campari

Za 6 obrokov

Campari, svetlo rdeč aperitiv, se običajno pije z ledom ali zmeša s sodo pred obrokom. Za to granito jo kombiniramo s sokom citrusov. Campari ima lepo grenčico, ki je zelo osvežujoča, granit pa ima lepo rožnato barvo.

1 skodelica vode

1 1/2 skodelice sladkorja

2 skodelici sveže iztisnjenega soka grenivke

1 skodelica sveže iztisnjenega pomarančnega soka

1 čajna žlička pomarančne lupine

3/4 skodelice Campari

1. Postavite 13 x 9 x 2-palčno ponev v zamrzovalnik, da se ohladi za vsaj 15 minut. V majhni kozici zmešajte vodo in sladkor. Na zmernem ognju zavremo, nato med občasnim

mešanjem kuhamo toliko časa, da se sladkor raztopi. Temeljito premešajte. Odstranite z ognja in pustite, da se ohladi. Ohladite sirup.

2. Zmešajte hladen sirup, sok, Campari in pomarančno lupinico.

3. Ohlajen pekač vzamemo iz zamrzovalnika in zmes vlijemo v pekač. Pekač postavite v zamrzovalnik za 30 minut ali dokler se okoli robov ne oblikuje 1-palčni rob ledenih kristalov. V sredino mešanice vmešajte ledene kristale. Ponev vrnite v zamrzovalnik in nadaljujte z zamrzovanjem, vsakih 30 minut mešajte, dokler vsa tekočina ne zamrzne, pribl. Od 2 do 21/2 ure. Postrezite takoj ali zmes strgajte v plastično posodo, pokrijte in hranite v hladilniku do 24 ur.

4. Po potrebi vzamemo iz zamrzovalnika, da se zmehča cca. 15 minut pred serviranjem.

Granita iz bele breskve in prosecco

Granita di Pesche in Prosecco

Za 6 obrokov

Ta granit se zgleduje po Belliniju, slastnem koktajlu, ki ga je zaslovel Harry's Bar v Benetkah. Bellini je narejen iz soka bele breskve in prosecca, penečega belega vina iz regije Veneto.

Granulirani sladkor se lažje meša kot granulirani sladkor, a če ga ne najdete, uporabite nekajpreprost sirupdokazati.

5 srednje zrelih belih breskev, olupljenih in narezanih na koščke

1 1/2 skodelice super finega sladkorja

2 žlici svežega limoninega soka ali po okusu

1 skodelica prosecca ali drugega suhega penečega belega vina

1. Postavite 13 x 9 x 2-palčno ponev v zamrzovalnik, da se ohladi za vsaj 15 minut. Breskve, sladkor v prahu in limonin sok dajte v blender ali kuhinjski robot. Mešajte ali

obdelujte, dokler se sladkor popolnoma ne raztopi. Dodajte vino.

2. Ohlajen pekač vzamemo iz zamrzovalnika in zmes vlijemo v pekač. Pekač postavite v zamrzovalnik za 30 minut ali dokler se okoli robov ne oblikuje 1-palčni rob ledenih kristalov. V sredino mešanice vmešajte ledene kristale. Ponev vrnite v zamrzovalnik in nadaljujte z zamrzovanjem, vsakih 30 minut mešajte, dokler vsa tekočina ne zamrzne, pribl. Od 2 do 21/2 ure. Postrezite takoj ali zmes strgajte v plastično posodo, pokrijte in hranite v hladilniku do 24 ur.

3. Po potrebi vzamemo iz zamrzovalnika, da se zmehča cca. 15 minut pred serviranjem.

čokoladni sorbet

Čokoladni sorbet

Za 6 obrokov

Sorbet je zamrznjena sladica z gladko teksturo, ki vsebuje mleko ali jajčni beljak, ki daje kremastost. To je moja različica sorbeta, ki sem ga jedel v Caffè Florian, zgodovinski kavarni in čajnici na beneškem trgu Piazza San Marco.

1 1/2 skodelice sladkorja

3 unče grenke sladke čokolade, zdrobljene

1 skodelica vode

1 skodelica polnomastnega mleka

1. V majhni ponvi zmešajte vse sestavine. Na srednjem ognju zavremo. Kuhajte, nenehno mešajte z mešalnikom, dokler ni dobro združena in gladka, približno 5 minut.

2. Zmes vlijemo v srednje veliko skledo. Pokrijte in ohladite, dokler se ne ohladi.

3. Sledite navodilom proizvajalca v zamrzovalniku ali zamrzujte v plitvih ponvah, dokler ni čvrsta, vendar ne trda, pribl. 2 uri. Mešanico strgajte v skledo in stepajte, dokler ni gladka. Zapakirajte v plastično posodo, pokrijte in shranite v zamrzovalnik. Postrezite 24 ur.

Prosecco limonina granita

sgroppino

Za 4 porcije

Benečani svoje obroke radi zaključijo s sgroppinom, prefinjeno in kremasto granito limoninega sorbeta, stepenega s proseccom, suhim penečim belim vinom. Pripraviti ga je treba v zadnjem trenutku in je zabavna sladica za mizo. Najraje ga postrežem v kozarcu za martini. Uporabite kakovostno limonino slamico, kupljeno v trgovini. Ni tradicionalno, ampak tudi oranžna bi bila dobra.

1 skodelica limoninega sorbeta

1 skodelica prosecca ali drugega zelo ohlajenega suhega penečega vina

vejice mete

1. Nekaj ur preden nameravate sladico postreči, ohladite 4 visoke kozarce ali kozarce za parfe v hladilniku.

2. Tik pred serviranjem vzemite slamico iz zamrzovalnika. Pustite na sobni temperaturi, dokler ni dovolj mehka, da jo lahko odstranite, približno 10 minut. Slamico nalijte v srednje veliko skledo. Stepajte dokler ni gladka in kremasta.

3. Počasi dodajte prosecco in na kratko stepajte z metlico, da postane kremasta in gladka. Blato na hitro vlijemo v ohlajene kozarce za vino ali kozarce za martini. Okrasite z meto. Postrezite takoj.

Granita Rosa Prosecco

Sgroppino alle Fragole

Za 6 obrokov

Če sveže jagode na vaši tržnici niso zrele in dišeče, poskusite za to preprosto sladico uporabiti zamrznjene jagode.

1 skodelica narezanih jagod

1 do 2 žlici sladkorja

1 skodelica limoninega sorbeta

1 skodelica prosecca ali drugega suhega penečega vina

Majhne sveže jagode ali rezine limone za okras

1. Nekaj ur preden nameravate sladico postreči, ohladite 6 visokih kozarcev ali kozarcev za parfe v hladilniku.

2. Jagode in 1 žlico sladkorja dajte v kuhinjski robot ali mešalnik. Jagode pretlačite do gladkega. Okusite sladkobo. Po potrebi dodajte še sladkor.

3. Tik pred serviranjem vzemite slamico iz zamrzovalnika. Pustite na sobni temperaturi, dokler ni dovolj mehka, da jo lahko odstranite, približno 10 minut. Slamico nalijte v srednje veliko skledo. Stepajte dokler ni gladka in kremasta. Dodamo jagodni pire. Hitro dodajte vino in mešajte, dokler zmes ni kremasta in gladka. Nalijemo v ohlajene kozarce. Okrasite z jagodami ali rezinami limone in takoj postrezite.

sladoled"

Sladoled

Za 6 do 8 obrokov

Pridih limoninega okusa v tem lahkem sladoledu svežega okusa. To rada pripravim, ko je sezona lokalnih jagod, in jih postrežem skupaj.

3 skodelice polnomastnega mleka

4 rumenjaki

2/3 skodelice sladkorja

1 žlička čistega vanilijevega ekstrakta

1 čajna žlička limonine lupinice

1. V srednji ponvi segrevajte mleko na zmernem ognju, dokler ne nastanejo majhni mehurčki okoli roba ponve. Ne zavrite mleka. Odstranite z ognja.

2. Rumenjake in sladkor stepamo v toplotno odporni skledi, dokler ni zelo gosto in dobro integrirano. Dodajte toplo

mleko, najprej počasi, nenehno mešajte, dokler ni vse mleko. Dodajte limonino lupinico.

3. Zmes vlijemo nazaj v pekač. Ponev pristavimo na srednji ogenj. Med nenehnim mešanjem z leseno kuhalnico kuhajte, dokler se para ne začne dvigovati iz posode in se krema rahlo zgosti, približno 5 minut.

4. Kremo prelijemo skozi mrežasto cedilo v skledo. Dodajte vanilijo. Pustite, da se nekoliko ohladi, nato pokrijte in hranite v hladilniku, dokler se popolnoma ne ohladi, približno 1 uro.

5. Zamrznite v aparatu za sladoled po navodilih proizvajalca. Sladoled zapakirajte v plastično posodo, pokrijte in zamrznite do 24 ur.

Limonin sladoled

Limonin sladoled

Za 3 do 4 porcije

Potrebujete dve do tri velike limone, da dobite dovolj soka in lupine za ta preprost in slasten sladoled.

1 1/2 skodelice sveže iztisnjenega limoninega soka

1 žlica sveže naribane limonine lupinice

1 skodelica sladkorja

1 pint pol in pol

1. V srednji skledi zmešajte limonin sok, lupino in sladkor ter dobro premešajte. Pustite 30 minut.

2. Dodajte pol in pol ter dobro premešajte. Zmes vlijemo v posodo sladoledarja in upoštevamo navodila proizvajalca za zamrzovanje.

3. Sladoled zapakirajte v plastično posodo, pokrijte in zamrznite do 24 ur.

ricotta sladoled

Sladoled Ricotta

Za 6 do 8 obrokov

Sladoled Ricotta je eden izmed najljubših okusov v Giolittiju, eni izmed velikih rimskih sladoledarnic. Vsako poletno noč se zberejo ogromne množice, da kupijo kornete, polnjene z njihovimi slastnimi sladicami.

Sladoledni zmesi lahko dodamo nekaj žlic sesekljane čokolade ali pistacij. Ta bogati sladoled postrezite v majhnih porcijah, po želji pokapljajte s kančkom pomarančnega likerja ali ruma.

Tako kandirana pomarančna lupina kot limonina sta na voljo v italijanskih in bližnjevzhodnih specializiranih trgovinah ali po pošti.viri.

16 unč sveže rikote, cele ali delno posnete

1 1/2 skodelice sladkorja

2 žlici sladke ali suhe marsale

1 žlička čistega vanilijevega ekstrakta

1 1/2 skodelice hladne ali smetane za stepanje

2 žlici sesekljane limone

2 žlici sesekljane kandirane pomarančne lupinice

1. Vsaj 20 minut preden ste pripravljeni na pripravo sladice, postavite veliko skledo in stepite z električnim mešalnikom v hladilnik. Rikoto položite v cedilo s finimi mrežicami nad skledo. Z gumijasto lopatico potisnite rikoto skozi sito in jo potisnite v skledo. Stepite sladkor, marsalo in vanilijo.

2. Vzamemo skledo in jo vzamemo iz hladilnika. Smetano vlijemo v skledo in stepamo na visoki hitrosti, dokler ne obdrži svoje oblike, ko metlice dvignemo, približno 4 minute.

3. Z gibljivo lopatko smetano, jabolčnik in lupinico vmešajte v mešanico rikote. Mešanico postrgajte v posodo sladoledarja in zamrznite po navodilih proizvajalca.

4. Sladoled zapakirajte v plastično posodo, pokrijte in zamrznite do 24 ur.

mascarpone sladoled

mascarpone sladoled

Za 4 porcije

Mascarpone ga naredi bogatejšega od navadnega sladoleda.

1 skodelica polnomastnega mleka

1 skodelica sladkorja

1 1/2 skodelice mascarponeja

1 1/2 skodelice sveže iztisnjenega limoninega soka

1 čajna žlička limonine lupinice

1. V majhni ponvi zmešajte mleko in sladkor. Na majhnem ognju med pogostim mešanjem kuhajte, dokler se sladkor ne raztopi, približno 3 minute. Naj se malo ohladi.

2. Vmešajte mascarpone in stepajte do gladkega. Dodamo limonin sok in lupinico.

3. Zamrznite v aparatu za sladoled po navodilih proizvajalca.

4. Sladoled zapakirajte v plastično posodo, pokrijte in zamrznite do 24 ur.

cimetov sladoled

Cimetov sladoled

Za 6 obrokov

Nekega poletja v Italiji pred nekaj leti so ga postregli s tem sladoledomVroča omaka iz rdečega sadja, in sem ga vedno znova z veseljem jedla. Sladoled je okusen že sam po sebi ali pa ga poskusite z njimmocha omako.

2 skodelici polnomastnega mleka

1 skodelica težke smetane

1 trak (2 palca) limonine lupinice

1 1/2 čajne žličke mletega cimeta

4 veliki rumenjaki

1 1/2 skodelice sladkorja

1. V srednji ponvi zmešajte mleko, smetano, limonino lupinico in cimet. Segrevajte na majhnem ognju, dokler se ob robovih ne naredijo majhni mehurčki. Odstranite z ognja.

2. Rumenjake in sladkor v veliki toplotno odporni skledi penasto stepemo. V rumenjakovo mešanico postopoma vlijte vroče mleko in stepajte, dokler se ne združi.

3. Zmes vlijemo nazaj v pekač. Ponev pristavimo na srednji ogenj. Med nenehnim mešanjem z leseno kuhalnico kuhajte, dokler se para ne začne dvigovati iz posode in se krema rahlo zgosti, približno 5 minut.

4. Kremo vlijemo skozi mrežasto cedilo v skledo. Naj se ohladi. Pokrijte in ohladite vsaj 1 uro ali čez noč. (Če želite mešanico kreme hitro ohladiti, jo prelijte v skledo v večji skledi, napolnjeni z ledeno vodo. Mešanico pogosto mešajte.)

5. Zmes zamrznite v zamrzovalniku za sladoled po navodilih proizvajalca. Sladoled zapakirajte v plastično posodo, pokrijte in zamrznite do 24 ur.

espresso sladoled

Kavni sladoled

Za 6 do 8 obrokov

Doma večina Italijanov pripravlja kavo v posebej za to oblikovanem loncu na štedilniku. Skozi kavo potisne vročo paro, ne vroče vode, kar je tisto, kar naredi klasični espresso.

Lahko pa skuhate dobro kavo z espresso zrni v običajni posodi za kapljanje. Pazite le, da uporabite kakovosten in močan espresso, še posebej za ta sladoled. Okronan je za nebeškegavroča čokoladna omaka.

2 skodelici polnomastnega mleka

2/3 skodelice sladkorja

3 veliki rumenjaki

1 skodelica močnega espressa

1. V majhni kozici segrevajte mleko s sladkorjem, dokler se ob robovih ne oblikujejo majhni mehurčki, približno 3 minute. Mešajte, dokler se sladkor ne raztopi.

2. V veliki toplotno odporni skledi stepemo rumenjake do bledo rumene barve. Postopoma dodajte toplo mleko. Zmes vlijemo v pekač. Na majhnem ognju ob stalnem mešanju z leseno kuhalnico kuhamo toliko časa, da para zašika s površine in se zmes rahlo zgosti. Mešanico takoj prelijte skozi fino mrežasto cedilo v skledo. Dodajte kuhano kavo. Pokrijte in ohladite vsaj 1 uro.

3. Zmes zamrznite v zamrzovalniku za sladoled po navodilih proizvajalca. Sladoled zapakirajte v plastično posodo, pokrijte in zamrznite do 24 ur.

Oreščki in karamelni sladoled

Gelato di Noci

Za 6 obrokov

Pred serviranjem ta sladoled prelijemo z malo ruma ali konjaka.

1 1/4 dl sladkorja

1 1/4 skodelice vode

1 skodelica težke smetane

2 skodelici polnomastnega mleka

5 velikih rumenjakov

1 žlička čistega vanilijevega ekstrakta

3 1/4 skodelice orehov

1. V majhni, težki ponvi zmešajte sladkor in vodo. Na zmernem ognju med občasnim mešanjem kuhamo, dokler se sladkor popolnoma ne raztopi, približno 3 minute. Ko

mešanica začne vreti, prenehajte z mešanjem in kuhajte, dokler sirup ne začne po robovih rjaveti. Nato nežno mešajte ponev nad ognjem, dokler sirup ni enakomerno zlato rjave barve, še približno 2 minuti.

2. Ponev odstavimo z ognja. Ko neha brbotati, previdno vlijemo smetano, saj lahko karamela brbota. Ko dodamo vso smetano, se karamela strdi. Ponev ponovno postavimo na ogenj. Med nenehnim mešanjem kuhajte, dokler ni karamela tekoča in gladka. Zmes vlijemo v večjo skledo.

3. V isti ponvi segrevajte mleko, dokler ne nastanejo majhni mehurčki okoli roba ponve, približno 3 minute.

4. V srednje toplotno odporni skledi stepite rumenjake s preostalo 1/4 skodelice sladkorja, dokler se dobro ne združijo. Postopoma dodajte toplo mleko. Mešanico vlijemo v ponev in na nizkem ognju med nenehnim mešanjem kuhamo toliko časa, da se s površine rahlo dvigne para in se zmes malo zgosti.

5. Rumenjakovo zmes skozi fino cedilo takoj vlijemo v skledo s karamelo. Dodajte vanilijo in mešajte, dokler ni gladka. Pokrijte in ohladite vsaj 1 uro.

6. Na sredino pečice postavite rešetko. Pečico segrejte na 350° F. Orehe razporedite po majhnem pekaču. Pecite, enkrat ali dvakrat premešajte, 10 minut ali dokler niso rahlo popečeni. Koščke orehov zdrgnite z brisačo, da odstranite del lupine. Naj se ohladi. Narežemo na velike kose.

7. Zmes zamrznite v zamrzovalniku za sladoled po navodilih proizvajalca.

8. Ko je sladoled pripravljen, dodamo oreščke. Sladoled zapakirajte v plastično posodo, pokrijte in zamrznite do 24 ur.

Medeni sladoled z nugatom

Medeni Torrone Gelato

Za 6 obrokov

Italijani obožujejo med, še posebej, če ga izdelajo čebele, ki oprašujejo dišeče rože in drevesa, kot sta sivka in kostanj. Med namažemo na toast, pokapljamo s sirom in ga uporabimo pri kuhi. Ta sladoled je aromatiziran glede na vrsto uporabljenega medu, zato poiščite takšnega z zanimivim okusom.

V Italiji obstajata dve vrsti torrona. Eden je mehkejši nugat, narejen iz medu, beljakov in orehov. Druga vrsta, ki jo je enostavno narediti doma (glejnori mandelj), je trda pralina, narejena iz sladkorja, vode in oreščkov. Obe vrsti torrona se prodajata tudi v obliki palčk in ju najdemo v trgovinah z živili in italijanskih pekarnah, zlasti okoli božiča.

Nougat preliv je neobvezen, vendar zelo dober. Uporabljajo se lahko tako mehke kot trde.

2 skodelici polnomastnega mleka

4 veliki rumenjaki

1 1/2 skodelice medu

1 skodelica težke smetane

Približno 6 žlic ruma ali konjaka

1 1/2 skodelice nugata, drobno sesekljanega (neobvezno)

1. V srednje veliki ponvi segrevajte mleko na majhnem ognju, dokler ne nastanejo majhni mehurčki okoli roba ponve, približno 3 minute.

2. V veliki toplotno odporni skledi zmešajte rumenjake in med do gladkega. Postopoma dodajte toplo mleko. Mešanico vlijemo v ponev in ob stalnem mešanju dušimo toliko časa, da se para dvigne s površine in se zmes nekoliko zgosti.

3. Mešanico takoj prelijte skozi fino mrežasto cedilo v skledo. Dodajte smetano. Pokrijte in ohladite, dokler se ne ohladi, približno 1 uro.

4. Zmes zamrznite v zamrzovalniku za sladoled po navodilih proizvajalca. Sladoled zapakirajte v plastično posodo.

Pokrijte in zamrznite do 24 ur. Vsako porcijo postrezite s kančkom ruma ali konjaka in zdrobljenim nugatom.

Sladoled Amaretti

Sladoled Amaretti

Za 6 do 8 obrokov

Italijani obožujejo amaretti, rahle in hrustljave mandljeve torte, same ali v svojih sladicah. Ta sladoled okrasijo hrustljavi piškoti amaretti. Postrezite s kančkom likerja amaretto.

2 skodelici polnomastnega mleka

4 veliki rumenjaki

1 1/2 skodelice sladkorja

1 skodelica težke smetane

1 žlička čistega vanilijevega ekstrakta

1 skodelica grobo zdrobljenih piškotov amaretti

1. V veliki ponvi segrevajte mleko na majhnem ognju, dokler se ob robovih ne oblikujejo majhni mehurčki, približno 3 minute.

2. V veliki toplotno odporni skledi stepamo rumenjake in sladkor, dokler se dobro ne premešata. Med nenehnim mešanjem postopoma dodajamo vroče mleko. Ko dodamo vse mleko, zmes vlijemo v ponev. Na zmernem ognju ob stalnem mešanju kuhamo toliko časa, da se s površine dvignejo sopare in se zmes rahlo zgosti.

3. Mešanico takoj prelijte skozi fino mrežasto cedilo v skledo. Dodamo smetano in vanilijo. Pokrijte in ohladite, dokler se ne ohladi, približno 1 uro.

4. Sladoled zamrznemo v zamrzovalniku za sladoled po navodilih proizvajalca. Ko zmrzne, dodamo drobtine. Sladoled zapakirajte v plastično posodo, pokrijte in zamrznite do 24 ur.

Utopljeni sladoled

Affogato sladoled

Za 4 porcije

Vsak okus sladoleda lahko "utopimo" v vročem espressu, vendar sta moji najljubši pekan in krem karamela. Gel se zlahka stopi in ustvari kremasto omako. Žganja lahko izpustite, če želite.

    4 žlicepecan sladkarijenobena od njihsladoled"

1 1/2 skodelice vročega espressa

2 žlici pomarančnega likerja ali amaretta (neobvezno)

1. Po potrebi pripravite sladoled. Sladoled nadevamo v dve servirni skledi.

2. Če uporabljate liker, zmešajte espresso in liker v majhni skledi, nato mešanico prelijte čez led. Postrezite takoj.

Sladoled z balzamičnim kisom

Balzamični sladoled

Za 4 porcije

Kombinacija ledu in kisa se morda zdi nenavadna in res bi bila, če bi bila narejena z navadnim balzamičnim kisom. Za to edinstveno sladico, priljubljeno v Parmi, se kot gladka, rahlo trpeka omaka na vrhu sladkega sladoleda uporablja samo najboljši starani balzam. Odbor supermarketov bi bil preveč previden.

4 kepice vrhunskega vanilijevega sladoleda ali zamrznjenega jogurta, ozsladoled", zmehčano

2 ali 3 čajne žličke dobro staranega balzamičnega kisa

Po potrebi pripravite sladoled. Sladoled položimo na servirni krožnik. Pokapljamo z balzamičnim kisom. Postrezite takoj.

Zamrznjeni tartufi

tartuf

Za 6 obrokov

Od mojega prvega potovanja v Italijo leta 1970 ne morem iti v Rim, ne da bi se na kratko ustavil pri Treh Scalinih na Piazzi Navona in si privoščil tartufe. Ta priljubljena kavarna je že leta znana po okusnih zamrznjenih tartufih, kepicah sladoleda, povaljanih z bogatimi čokoladnimi kosmiči okoli češnjevega srca. Zamrznjene tartufe je enostavno pripraviti doma in narediti praznično sladico. Pazite le, da bo vse zelo hladno in delajte hitro. Najboljši pripomoček za to je velika zajemalka za sladoled z vzmetnim ročajem za sprostitev ledu.

4 unče polsladkih čokoladnih koščkov

6 italijanskih češenj v sirupu (češnje Amarena, na voljo v kozarcih) ali češenj maraskino, zmešanih z malo žganja

2 žlici sesekljanih mandljev

1 pint vanilijevega sladoleda

1 pint čokoladnega sladoleda

1. Majhen kovinski pladenj obložite z voščenim papirjem in ga postavite v zamrzovalnik. Pekač obložimo z aluminijasto folijo.

2. V spodnji polovici dvojnega kotla ali srednje velike ponve zavrite 2 cm vode. Koščke čokolade položite v zgornjo polovico pekača ali v skledo, ki se udobno prilega ponvi. Pustite, da se čokolada zmehča, približno 5 minut. Mešajte do gladkega. Stopljeno čokolado strgamo na s folijo obložen krožnik. Čokolado enakomerno in na tanko razporedimo po aluminijasti foliji. Ohladite v hladilniku, dokler se ne strdi, približno 1 uro.

3. Ko je čokolada trda, dvignite folijo s pekača in z lopatko ali prsti zlomite čokoladno ploščico na 1/2-palčne kosmiče. Kosmiče razporedimo po pekaču.

4. Hladno posodo vzamemo iz zamrzovalnika. Veliko kepico sladoleda pomočite v vanilijev sladoled in ga napolnite približno do polovice. Kroglo pomočimo v čokoladni sladoled in jo do konca napolnimo. Vzemite sladoled v

kroglico, naredite luknjo v sredini in vstavite eno od češenj in nekaj mandljev. Čez nadev oblikujemo sladoled. Posodo za led položite na čokoladne kosmiče in na hitro povaljajte led, medtem ko čokolado pritiskate na površino. S kovinsko lopatko dvignite in prenesite obložen sladoled v hladno posodo. Pekač postavimo nazaj v zamrzovalnik.

5. Na enak način naredite še 5 sladolednih lupin. Tartufe in pekač pokrijte s plastično folijo, preden pekač vrnete v zamrzovalnik. Zamrznite vsaj 1 uro ali do 24 ur pred serviranjem.

Skodelice mandljeve kreme

piškotki tortoni

Za 8 obrokov

Ko sem odraščal, je bila to standardna sladica v italijanskih restavracijah, tako kot je zadnjih 15 let tiramisu. Čeprav je morda staromoden, je še vedno okusen in enostaven za pripravo.

Za elegantnejšo sladico zmes vlijemo v kozarce za parfe ali ramekine. Češnje maraskino dodajo malo barve, vendar jih lahko izpustite, če želite.

2 skodelici hladne ali stepene smetane

1 1/2 skodelice sladkorja v prahu

2 žlički čistega vanilijevega ekstrakta

1/2 žlički mandljevega ekstrakta

2 beljaka, sobne temperature

Ščepec soli

8 češenj maraskino, odcejenih in narezanih (po želji)

2 žlici drobno sesekljanih praženih mandljev

12 do 16 uvoženih italijanskih krekerjev amaretti, drobno zdrobljenih (približno 1 skodelica drobtin)

1. Vsaj 20 minut preden ste pripravljeni na stepanje smetane, postavite veliko skledo in metlice iz električnega mešalnika v hladilnik. Pekač za mafine obložimo z 8 prepognjenimi papirčki ali alu folijo za mafine.

2. Vzamemo skledo in jo vzamemo iz hladilnika. V skledo vlijemo smetano, sladkor in ekstrakte ter mešanico stepamo pri visoki hitrosti, dokler ne obdrži oblike, ko metlice dvignemo, približno 4 minute. Stepeno smetano ohladimo.

3. V veliki, čisti skledi s čistim mešalnikom na nizki hitrosti penasto stepite beljake s soljo. Postopoma povečujte hitrost in stepajte, dokler beljaki ne dosežejo mehkega vrha, ko stepalnike dvignete. Z gibljivo lopatko nežno vmešajte beljake v stepeno smetano.

4. Prihranite 2 žlici amaretti drobtin. Preostale drobtine, češnje in mandlje vmešamo v smetanovo zmes. Vlijemo v pripravljene posodice za mafine. Potresemo s prihranjenimi drobtinami amaretti.

5. Pokrijte z aluminijasto folijo in zamrznite za vsaj 4 ure ali celo noč. Odstranite iz hladilnika 15 minut pred serviranjem.

oranžna pena

Spumone di Orange

Za 6 obrokov

Spumon prihaja iz spuma, kar pomeni "pena". Ima bolj kremasto teksturo kot običajni sladoled, ker rumenjake prekuhamo z vročim sladkornim sirupom, da dobimo gosto kremo. Čeprav je bogata z rumenjaki, je zaradi pene in smetane rahla in zračna.

3 pomaranče za popek

1 skodelica vode

3 1/4 skodelice sladkorja

6 velikih rumenjakov

1 skodelica hladne ali stepene smetane

1. Pomaranče olupite in iztisnite sok. (Na voljo naj bodo 3 žlice lupine in 2/3 skodelice soka.)

2. V srednje veliki ponvi zmešajte vodo in sladkor. Na zmernem ognju zavremo, nato med občasnim mešanjem kuhamo toliko časa, da se sladkor raztopi.

3. V veliki toplotno odporni skledi stepamo rumenjake, dokler se ne združijo. Počasi, v tankem curku, med stalnim mešanjem dodajamo vroč sladkorni sirup. Zmes vlijemo v ponev in med mešanjem z leseno kuhalnico dušimo toliko časa, da se nekoliko zgosti in zmes rahlo oblije žlico.

4. Zmes vlijemo skozi fino mrežasto cedilo v skledo. Dodamo pomarančni sok in lupinico. Pustite, da se ohladi, nato pokrijte in postavite v hladilnik, dokler se ne ohladi, vsaj 1 uro. Večjo skledo in metlico iz električnega mešalnika postavimo v hladilnik.

5. Tik pred serviranjem vzamemo skledo in metlico iz hladilnika. Smetano vlijemo v skledo in stepamo na visoki hitrosti, dokler ne obdrži svoje oblike, ko metlice dvignemo, približno 4 minute. S gibljivo lopatko kremo nežno vmešajte v pomarančno zmes.

6. Zamrznite v zamrzovalniku po navodilih proizvajalca. Zapakirajte v posodo, pokrijte in zamrznite. Postrezite 24 ur.

mandljev semifredo

Semifreddo vse Mandorle

Za 8 obrokov

Semifreddo pomeni "polhladen". Ta sladica je dobila ime, ker kljub temu, da je zamrznjena, njena tekstura ostane mehka in kremasta. Zlahka se topi, zato naj bo med pripravo vse zelo hladno.vroča čokoladna omakaje dobra spremljava.

3 1/4 skodelice hladne ali stepene smetane

1 žlička čistega vanilijevega ekstrakta

3 1/4 skodelice sladkorja

1 1/4 skodelice vode

4 velika jajca, pri sobni temperaturi

6 amaretti piškotov, drobno zdrobljenih

2 žlici drobno sesekljanih praženih mandljev

2 žlici narezanih mandljev

1. Kovinski pekač velikosti 9 x 5 x 3 palcev obložite s plastično folijo in na koncih pustite 2-palčni previs. Pekač ohladimo v zamrzovalniku. Vsaj 20 minut preden ste pripravljeni na stepanje smetane, postavite veliko skledo in metlice iz električnega mešalnika v hladilnik.

2. Ko ste pripravljeni, vzemite posodo in mešalnik iz hladilnika. V skledo vlijemo smetano in vanilijo ter stepamo smetano na visoki hitrosti, dokler ne obdrži svoje oblike, ko stepalnik dvignemo, približno 4 minute. Posodo postavimo nazaj v hladilnik.

3. V majhni kozici zmešajte sladkor in vodo. Na zmernem ognju zavrite, nato med občasnim mešanjem kuhajte, dokler se sladkor popolnoma ne raztopi, približno 2 minuti.

4. V veliki skledi stepajte jajca z mešalnikom na srednji hitrosti, dokler niso penasta, približno 1 minuto. Topel sladkorni sirup počasi v tankem curku vmešamo v jajca. Nadaljujte s stepanjem, dokler zmes ni zelo rahla in puhasta ter hladna na dotik, 8 do 10 minut.

5. Z gibljivo lopatko nežno vmešajte stepeno smetano v jajčno mešanico. Previdno vmešajte piškotne drobtine in sesekljane mandlje.

6. Zmes vlijemo v pripravljen pekač. Tesno pokrijte s plastično folijo in zamrzujte za 4 ure do čez noč.

7. Odpakirajte ponev. Obrnite servirni krožnik na vrh ponve. Krožnik in ponev primite skupaj in ju obrnite. Dvignite posodo in previdno odstranite plastično folijo. Potresemo z narezanimi mandlji.

8. Razrežemo in takoj postrežemo.

Firentinska zamrznjena torta

Bučke

Za 8 obrokov

To neverjetno sladico, ki jo je navdihnila kupola prelepe Duomo, katedrale v središču Firenc, je zelo enostavno pripraviti, deloma zato, ker se uporablja že pripravljena torta.

1 funt (12 unč) torta.

2 žlici ruma.

2 žlici pomarančnega likerja

popolna

1 pol litra smetane ali stepene smetane

1/4 skodelice slaščičarskega sladkorja in več za okras

1 žlička čistega vanilijevega ekstrakta

4 unče polsladke čokolade, drobno sesekljane

2 žlici narezanih mandljev, popečenih in ohlajenih

sveže jagode (neobvezno)

1. Vsaj 20 minut preden ste pripravljeni na stepanje smetane, postavite veliko skledo in metlice iz električnega mešalnika v hladilnik. 2-litrsko okroglo skledo ali ponev obložite s plastično folijo. Torto narežite na rezine, ki niso debelejše od 1/4 palca. Vsako rezino diagonalno razpolovimo, oblikujemo dva trikotna kosa in vse skupaj položimo na krožnik.

2. V manjšo posodico damo rum in liker ter z mešanico prelijemo torto. Položite toliko kosov torte, kot jih potrebujete, enega poleg drugega, s točko navzdol, v skledo, da oblikujete plast. Preostalo notranjo površino sklede pokrijte s preostalo torto in po potrebi narežite kose. Luknje napolnite s koščki torte. Preostalo torto rezervirajte za vrh.

3. Pripravimo nadev: posodo in mešalnik vzamemo iz hladilnika. V skledo vlijemo smetano. Dodamo sladkor v prahu in vanilijo. Stepajte na visoki hitrosti, dokler krema ne obdrži svoje oblike, ko stepalnike dvignete, pribl. 4 minute Previdno vmešajte čokolado in mandlje.

4. Kremno mešanico vlijemo v pekač, pri tem pa pazimo, da ne poškodujemo torte. Preostale rezine torte položite v eno plast na vrh. Tesno pokrijte s plastično folijo in ponev zamrznite za 4 ure ali čez noč.

5. Za serviranje odstranite plastično folijo in obrnite servirni krožnik nad skledo. Držite krožnik in skledo skupaj in ju obrnite. Vzemi skledo. Odstranite plastično folijo in potresite s sladkorjem v prahu. Jagode položite okoli torte. Narežite na kose za serviranje.

Mascarpone omaka z medom

Mascarpone omaka

Naredi 2 skodelici

Postrezite preko svežih jagod ali čezMarsala orehova torta.

1 1/2 skodelice mascarponeja

3 žlice medu

1 1/2 čajne žličke limonine lupinice

1 skodelica hladne, stepene smetane

V veliki skledi zmešajte mascarpone, med in limonino lupinico, dokler ni gladka. Dodajte stepeno smetano. Postrezite takoj.

Sveža sveža omaka

Jagoda Salsina

Naredi 1 1/2 skodelice

Maline lahko pripravimo tudi tako. Če uporabljate maline, omako precedite, da odstranite semena.

1 liter svežih jagod, opranih in olupljenih

3 žlice sladkorja ali po okusu

1 1/4 skodelice svežega pomarančnega soka

2 žlici pomarančnega likerja, črnega črevesja ali svetlega ruma

> Vse sestavine dajte v kuhinjski robot ali mešalnik. Pire do gladkega. Postrezite ali prenesite v nepredušno posodo in ohladite do 24 ur.

Vroča omaka iz rdečega sadja

Salsina Calda di Frutti di Bosco

Naredi približno 2 1/2 skodelice

Ta omaka je odlična za sladoled z limono, mascarponejem, cimetom ali "crema" ali navadno torto.

4 skodelice mešanega svežega jagodičevja, kot so borovnice, jagode, maline in robide

1 1/4 skodelice vode

1 1/4 skodelice sladkorja ali več

1. Jagode operemo in odstranimo lupine ali peclje. Jagode prerežite na pol ali na četrtine, če so velike.

2. V srednji ponvi zmešajte jagode, vodo in sladkor. Na srednjem ognju zavremo. Med občasnim mešanjem kuhajte, dokler jagode niso mehke in sok rahlo gost, približno 5 minut. Okusite in po potrebi dodajte še sladkor. Odstranite z ognja in pustite, da se nekoliko ohladi. Postrezite ali prenesite v nepredušno posodo in ohladite do 24 ur.

Malinova omaka vse leto

Lampoon omaka

Naredi približno 2 skodelici

Tudi ko jagodičevje ni v sezoni, lahko še vedno pripravite svežo in okusno pomako. Okus in barva malin se še posebej dobro poda k sladicam in tortam z okusom mandljev in čokolade. Za preprosto, a lepo sladico tudi to omako in nekaj svežih jagod pokapajte po tankih rezinah melone.

Omako lahko pripravimo tudi z zamrznjenimi borovnicami ali jagodami ali kombinacijo jagodičevja. Če v sirupu ne najdete jagodičja, uporabite nesladkano sadje in po okusu dodajte sladkor.

2 paketa (10 unč) zamrznjenih malin v sirupu, delno odmrznjenih

1 čajna žlička koruznega škroba, pomešana z 2 žlicama vode

Približno 1 čajna žlička svežega limoninega soka

1. Jagode pretlačite skozi mlinček za živila, opremljen s finim rezilom, ali pa jih pretlačite v kuhinjski robot in pretlačite skozi fino sito.

2. V manjši kozici zavremo pire. Dodajte mešanico koruznega škroba in kuhajte, pogosto mešajte, dokler se rahlo ne zgosti, približno 1 minuto. Dodajte limonin sok. Naj se malo ohladi. Postrezite ali prenesite v nepredušno posodo in hranite v hladilniku do 3 dni.

vroča čokoladna omaka

Pekoča omaka s čokolado

Naredi približno 1 1/2 skodelice

Espresso okrepi čokoladni okus v tej okusni omaki, vendar ga lahko izpustite, če želite. Postrezite s sladoledom, semifredom ali preprostimi tortami; Odlično se poda k najrazličnejšim sladicam.

8 unč narezane grenke ali polsladke čokolade

1 skodelica težke smetane

> Čokolado in smetano položite na vrh marina ali v toplotno odporno skledo nad ponev z vrelo vodo. Pustite, dokler se čokolada ne zmehča. Mešajte do gladkega. Postrezite toplo ali prenesite v nepredušno posodo in hranite v hladilniku do 3 dni. Nežno segrejte.
>
> **Vroča moka omaka:** Čokoladi dodajte 1 čajno žličko instant espressa v prahu.

mačji jezik

Savoyard

pred 4 ducati

Ti rahli in hrustljavi piškoti, imenovani Savoiardi, so dobili ime po kraljevi hiši Savoy, ki je vladala regiji Piemont od 15. stoletja in vsej Italiji od leta 1861 do druge svetovne vojne. Iz njih je odlično čajno pecivo in se dobro podajo k sladoledu ali sadju, lahko pa jih uporabimo tudi v kompleksnih sladicah, kot je tiramisu.

Da so piškoti hrustljavi in rahli, se uporablja krompirjev škrob. Krompirjev škrob lahko najdete v številnih supermarketih, lahko pa ga nadomestite s koruznim škrobom.

4 velika jajca, pri sobni temperaturi

2/3 skodelice sladkorja

2 žlički čistega vanilijevega ekstrakta

1 1/2 skodelice večnamenske moke

1 1/4 skodelice krompirjevega škroba

Ščepec soli

1. Pečico segrejte na 400° F. Namastite in pomokajte 3 velike pekače.

2. Ločite jajca. V veliki skledi z električnim mešalnikom na srednji hitrosti stepamo rumenjake s 1/3 skodelice sladkorja in vanilijo do gostote in bledo rumene barve, približno 7 minut

3. V veliki, čisti skledi s čistim mešalnikom na nizki hitrosti penasto stepite beljake s ščepcem soli. Povečajte hitrost in postopoma dodajte preostalo 1/3 skodelice sladkorja. Stepajte toliko časa, da beljaki dosežejo mehke vrhove, ko stepalnike dvignete, pribl. 5 minut

4. Z gumijasto lopatko vmešajte približno 1/3 beljakov v rumenjake, da jih razredčite. Postopoma dodajamo preostali sneg iz beljakov.

5. Moko in škrob stresemo v drobno cedilo. Sito stresemo čez jajca in previdno, a nežno vmešamo suhe sestavine.

6. Testo vlijte v veliko slaščičarsko vrečko s 1/2-palčno konico ali v trdno plastično vrečko z odrezanim vogalom. (Vrečke ne napolnite več kot do polovice.) Testo vlijte na pekače, tako da oblikujete 3 x 1-palčna polena, razmaknjena pribl.

7. Pripravite več žičnih stojal za hlajenje. Piškote pecite 10 do 12 minut ali dokler ne postanejo zlato rjavi in čvrsti, ko se jih rahlo dotaknete v sredini.

8. Pekače prenesite na rešetke za hlajenje. Piškote ohlajajte 2 minuti na pekaču, nato jih prestavite na rešetko, da se popolnoma ohladijo. Shranjujte v nepredušni posodi pri sobni temperaturi do 2 tedna.

Zdrobovi piškoti

košarka

Naredite 36

Canistrelli pomeni "majhne košare". Hrustljavi in masleni ti ligurski piškoti so narejeni iz zdroba, kar jim daje kremasto barvo in rahlo zrnato strukturo.

Zdrob je trda, bledo zlata trda pšenica, ki je bila zmleta do teksture, podobne pesku. Zdrob je lahko fin ali grob. Drobni zdrob pogosto imenujemo zdrobova moka ali moka za testenine. Pogosto se uporablja za pripravo kruha, zlasti na Siciliji, ter nekaterih vrst testenin in njokov, kot je npr. Rimski zdrobovi njoki. Žita lahko kupite v številnih supermarketih, trgovinah z zdravo hrano in etno tržnicah ozviri naročil po pošti.

1 2/3 dl večnamenske moke

1 1/2 skodelice drobnega zdroba

1 1/2 čajne žličke soli

1 skodelica (2 palčki) nesoljenega masla, pri sobni temperaturi

1 1/2 skodelice sladkorja v prahu

1 veliko jajce

1. V večjo skledo skupaj presejemo moko, zdrob in sol.

2. V veliki skledi z električnim mešalnikom stepajte maslo na srednji hitrosti, dokler ne postane rahlo in puhasto, približno 2 minuti. Dodamo sladkor in dobro stepemo cca. Še 1 minuto Stepajte jajce, dokler se ne združi.

3. Dodajte suhe sestavine in mešajte pri nizki hitrosti, dokler se ne povežejo. (Ne premešajte.) Zberite testo v kepo in jo zavijte v plastično folijo. Hladite za 1 uro do čez noč.

4. Pečico segrejte na 350° F. Namastite 2 velika pekača.

5. Na rahlo pomokani površini razvaljajte testo v 9-palčni krog debeline približno 1/4-palca. Testo narežite na 2-palčne kroge s piškotkom ali modelčkom za piškote. Položite jih na pripravljene pekače približno 1 cm narazen.

6. Pripravite 2 stojala za hlajenje. Pecite jih 13 minut oziroma dokler kolački po robovih rahlo ne porjavijo.

7. Pekače prenesite na rešetke za hlajenje. Pustite, da se piškoti ohlajajo na pekaču 5 minut, nato jih prestavite na rešetko, da se popolnoma ohladijo. Shranjujte v nepredušni posodi do 2 tedna.

Zveni Vin Santo

Ciambelline v Vin Santu

Pred približno 4 ducati

Vin Santo je suho toskansko desertno vino. Običajno se postreže kot priloga k pomakanim tortam, tukaj pa je glavna okusna sestavina v tortah. Narejeni so z oljčnim oljem in ne vsebujejo ne jajc ne masla. Vin santo daje piškotkom subtilen okus vina, tekstura pa je nežna in drobljiva. Recept sem dobil od kuharja v kleti Selvapiana v Toskani.

2 1/2 dl večnamenske moke

1 1/2 skodelice sladkorja

1 1/2 skodelice ekstra deviškega oljčnega olja

1 1/2 skodelice svetega vina

1. Pečico segrejte na 350° F. Pripravite 2 velika nenamazana pekača.

2. V veliki skledi z leseno žlico zmešajte moko in sladkor. Dodajte olje in vino ter mešajte, dokler ni gladka in dobro združena. Testo oblikujemo v kepo.

3. Testo razdelite na 6 delov. Odsek razrežite na 8 kosov. Vsak kos med dlanmi razvaljajte v 4 × 1/2-palčno poleno. Poleno oblikujte v obroč in stisnite robove skupaj, da se tesni. Ponovite s preostalim testom, na pekače položite obroče 1 cm narazen.

4. Pripravite 2 stojala za hlajenje. Kolobarje pečemo 20 minut oziroma do zlate barve.

5. Pekače prenesite na rešetke. Pustite, da se piškoti ohlajajo na pekaču 5 minut, nato jih prestavite na rešetko, da se popolnoma ohladijo. Shranjujte v nepredušni posodi do 2 tedna.

Marsala piškoti

Marsala piškoti

pred 4 ducati

Topel, sončen okus marsale izboljša te sicilijanske piškote. Uporabite lahko suho ali sladko marsalo. Obvezno jih postrezite s kozarcem istega vina. Podobni so kolobarjem Vin Santo na levi, le da so zaradi jajc in kvasa bolj rahli in hrustljavi, glazirani pa so s sladkorjem.

2 1/2 dl večnamenske moke

2 žlički pecilnega praška

1 čajna žlička soli

1 skodelica sladkorja

1 1/2 skodelice suhe ali sladke marsale

2 veliki jajci

1 1/4 skodelice ekstra deviškega oljčnega olja

1 žlička čistega vanilijevega ekstrakta

1. Pečico segrejte na 375 ° F. Namastite 2 velika pekača.

2. V večjo skledo presejemo moko, pecilni prašek in sol. V majhno skledo stresite 1/2 skodelice sladkorja in v drugo 1/4 skodelice marsale.

3. V veliki skledi stepajte jajca in preostalo 1/2 skodelice sladkorja, dokler se dobro ne združita. Vmešajte preostalo 1/4 skodelice marsale, olje in vanilijev ekstrakt.Z leseno žlico dodajte suhe sestavine. Na kratko pregnetite, da se dobro poveže, in testo oblikujte v kroglo.

4. Testo razdelite na 6 delov. Odsek razrežite na 8 kosov. Vsak kos med dlanmi razvaljajte v 4 × 1/2-palčno poleno. Poleno oblikujte v obroč in stisnite robove skupaj, da se tesni. Ponovite s preostalim testom.

5. Zgornji ali spodnji del vsakega kolobarja najprej pomočimo v vino in nato v sladkor. Obročke položite s sladkorno stranjo navzgor in 1 cm narazen na pripravljene pekače. Pečemo 18 do 20 minut oziroma dokler ne postanejo zlate barve. Pripravite 2 stojala za hlajenje.

6. Pekače prenesite na rešetke. Pustite, da se piškoti ohlajajo na pekaču 5 minut, nato jih prestavite na rešetko, da se popolnoma ohladijo. Shranjujte v nepredušni posodi do 2 tedna.

piškoti s sezamovim vinom

Biscotti di Vino

Pred 2 ducatoma

Malo sladki, s pikantnim pridihom črnega popra so ti neapeljski piškoti odlični s kozarcem vina in malo sira.

2 1/2 dl večnamenske moke

1 1/2 skodelice sladkorja

1 1/2 žličke pecilnega praška

1 čajna žlička soli

1 čajna žlička sveže mletega črnega popra

1 1/2 skodelice suhega rdečega vina

1 1/2 skodelice olivnega olja

1 beljak, spenjen

2 žlici sezamovih semen

1. Pečico segrejte na 350° F. Pripravite 2 velika nenamazana pekača.

2. V veliki skledi zmešajte moko, sladkor, pecilni prašek, sol in poper. Dodamo vino in olivno olje ter mešamo, dokler se dobro ne združita.

3. Testo oblikujemo v kepo. Testo razdelite na 4 dele. Vsak kos oblikujte v 10-palčno poleno. Palice rahlo sploščite. Premažemo z beljakom in potresemo s sezamom.

4. Polena narežite na 3/4-palčne kose. Kose položite približno en centimeter narazen na pekače. Pečemo 25 minut ali dokler rahlo ne porjavi.

5. Pripravite 2 veliki hladilni rešetki. Pekače prenesite na rešetke. Pustite, da se piškoti ohlajajo na pekaču 5 minut, nato jih prestavite na rešetko, da se popolnoma ohladijo. Shranjujte v nepredušni posodi do 2 tedna.

sezamovi piškoti

Biškoti Regina

pred 48 leti

Sicilijanci te piškote imenujejo regina ali "kraljica", ker so zelo cenjeni. Čeprav so videti povsem običajni, njihov okus po popečenem sezamu zasvoji. Eno vedno vodi k drugemu.

Na etničnih tržnicah in v trgovinah z zdravo hrano poiščite sveža, neoluščena sezamova semena. Ti piškoti so bili prvotno pripravljeni z mastjo. Sicilijanski kuharji danes pogosto uporabljajo margarino, jaz pa imam raje kombinacijo masla za okus in masti za mehčanje.

4 skodelice večnamenske moke

1 skodelica sladkorja

1 žlica pecilnega praška

1 čajna žlička soli

1 1/2 skodelice (1 palčka) nesoljenega masla, pri sobni temperaturi

1 1/2 skodelice trdne zelenjavne masti

2 veliki jajci, pri sobni temperaturi

1 žlička čistega vanilijevega ekstrakta

1 čajna žlička limonine lupinice

2 skodelici neoluščenih sezamovih semen

1 1/2 skodelice mleka

1. Pečico segrejte na 375° F. Namastite in pomokajte dva velika pekača ali ju obložite s pergamentom.

2. V veliki skledi z električnim mešalnikom zmešamo moko, sladkor, pecilni prašek in sol. Pri nizki hitrosti po malem dodajajte maslo in maslo, dokler zmes ne postane podobna grobim drobtinam.

3. V srednji skledi stepemo jajca, vanilijo in limonino lupinico. Mešajte jajčno zmes v suhe sestavine, dokler ni gladka in

dobro združena, približno 2 minuti. Testo pokrijemo s plastično folijo in postavimo v hladilnik za 1 uro.

4. Sezamova semena potresemo na kos voščenega papirja. Mleko dajte v majhno skledo poleg sezamovih semen.

5. Testo vzamemo iz hladilnika. Zajemite del testa v velikosti žogice za golf in ga oblikujte v 2 1/2 palca dolgo in 3/4 palca široko poleno. Paličico pomočimo v mleko in jo nato povaljamo v sezamovih semenih. Poleno položimo na pekač in ga s prsti rahlo sploščimo. Nadaljujte s preostalim testom, tako da palčke razmaknete en centimeter narazen.

6. Pečemo v pečici 25 do 30 minut oziroma do zlato rjave barve. Pripravite 2 veliki hladilni rešetki.

7. Pekače prenesite na rešetke. Pustite, da se piškoti ohlajajo na pekaču 5 minut, nato jih prestavite na rešetko, da se popolnoma ohladijo. Shranjujte v nepredušni posodi do 2 tedna.

janeževe torte

Aničini piškoti

Pred približno 3 ducati

Janež, član iste rastlinske družine kot koromač, kumina in koper, velja za pomoč pri prebavi. V južni Italiji se semena janeža uporabljajo za aromatiziranje likerjev za večerjo, kot sta sambuca in janež, kar daje tem piškotkom značilen okus sladkega korena. Za bolj izrazit okus masi pred peko dodamo žličko janeža.

2 veliki jajci, pri sobni temperaturi

1 žlica janeževega likerja ali izvlečka janeža

1 1/2 skodelice sladkorja

1 skodelica večnamenske moke

2 žlici koruznega škroba

1 čajna žlička pecilnega praška

1. Na sredino pečice postavite rešetko. Pečico segrejte na 350 ° F. Namastite 9-palčni kvadratni pekač. Dno pekača obložite z voščenim papirjem. Papir namastimo in pomokamo. Odvečno moko postrgamo.

2. V veliko skledo z električnim mešalnikom dajte jajca, žganje in sladkor. Začnite stepati jajca na nizki hitrosti in postopoma povečajte hitrost na visoko. Nadaljujte s stepanjem jajc, dokler niso zelo rahla in puhasta ter potrojijo prostornino, približno 5 minut.

3. Moko, koruzni škrob in pecilni prašek stresite v fino sito. Cedilo premešamo nad jajčno mešanico in z gumijasto lopatko postopoma vmešamo suhe sestavine. Pazite, da jajca ne izpuhtijo.

4. Testo strgajte v pripravljen pekač in pogladite vrh. Pecite 20 do 25 minut ali dokler se strdi, ko se na rahlo dotaknete v sredini in zlato rjavo. Pripravite velik pekač in veliko rešetko za hlajenje.

5. Pekač vzamemo iz pečice, vendar pustimo pečico prižgano. Z majhnim nožem potegnite po robovih ponve. Torto obrnite na desko za rezanje.

6. Zvišajte temperaturo pečice na 375° F. Z dolgim nazobčanim nožem torto narežite na 3-palčne trakove. Vsak trak prečno narežite na 3/4 palca debele rezine. Rezine položite v eni plasti na velik pekač. Rezine pecite 7 minut ali dokler niso popečene in zlate.

7. Torte vzamemo iz pečice in prestavimo na rešetko, da se ohladijo. Shranjujte v tesno zaprti posodi do 2 tedna.

pečena čebula

Cipollé al Forno

Za 4 do 8 obrokov

Ta čebula postane mehka in sladka, ko je kuhana; poskusite jih s pečenim mesom.

4 srednje bele ali rdeče čebule, olupljene

1/2 skodelice suhih krušnih drobtin

1/4 skodelice naribanega parmigiana-reggiana ali pecorina romana

2 žlici olivnega olja

Sol in sveže mlet črni poper

1. Zavremo srednje velik lonec vode. Dodamo čebulo in zmanjšamo ogenj, da voda zavre. Kuhajte 5 minut. Pustite, da se čebula ohladi v vodi iz ponve. Čebuli odcedimo in ju križno razpolovimo.

2. Na sredino pečice postavite rešetko. Pečico segrejte na 350° F. Namastite pekač, ki je dovolj velik, da lahko držite čebulo v eni plasti. Čebulo dajte v ponev s prerezano stranjo navzgor. V manjši skledi zmešamo drobtine, sir, olivno olje ter sol in poper po okusu. Na čebulo položite drobtine.

3. Pečemo 1 uro ali dokler čebula ni zlato rjava in mehka, ko jo prebodemo z nožem. Postrezite toplo ali pri sobni temperaturi.

Čebula z balzamičnim kisom

Balzamični drobnjak

Za 6 obrokov

Balzamični kis dopolnjuje sladek okus in barvo rdeče čebule. Odlično se podajo k svinjski pečenki ali rebrcem.

6 srednje velikih rdečih čebul

6 žlic ekstra deviškega oljčnega olja

3 žlice balzamičnega kisa

Sol in sveže mlet črni poper

1. Na sredino pečice postavite rešetko. Pečico segrejte na 375 ° F. Pekač obložite z aluminijasto folijo.

2. Čebuli operemo, vendar je ne lupimo. Čebulo položite v pripravljeno ponev. Čebulo kuhajte 1 do 1 1/2 ure, dokler se ne zmehča, ko jo prebodete z nožem.

3. Čebuli odrežite korenine in odstranite kožo. Čebulo narežemo na četrtine in damo v skledo. Dodamo olje, kis,

sol in poper po okusu ter premešamo, da se poveže. Postrezite toplo ali pri sobni temperaturi.

Konfit iz rdeče čebule

Marmelada iz rdeče čebule

Naredi približno 1 pint

Tropea, na obali Kalabrije, je znana po sladki rdeči čebuli. Čeprav je rdeča čebula v ZDA bolj pikantna, lahko vseeno pripravite to okusno marmelado, ki smo jo jedli v Locanda di Alia v Castrovillariju. Marmelado smo postregli z ocvrtimi zlatimi sardelami, dobra pa je tudi s piščančjimi ali svinjskimi kotleti na žaru. Všeč mi je tudi kot začimba k pikantnemu siru, kot je starani pecorino.

Različica marmelade vključuje nekaj sesekljane sveže mete. Uporabite ponev z debelim dnom in naj bo ogenj zelo nizek, da se čebula ne sprime. Dodajte malo vode, če se prehitro posušijo.

1/4 funta rdeče čebule, drobno sesekljane

1 skodelica suhega rdečega vina

1 čajna žlička soli

2 žlici nesoljenega masla

1 žlica balzamičnega kisa

1 ali 2 žlici medu

Približno 1 žlica sladkorja

1. V srednji ponvi na srednjem ognju zmešajte čebulo, rdeče vino in sol. Zavremo in znižamo ogenj. Pokrijte in med občasnim mešanjem kuhajte 1 uro in 15 minut ali dokler čebula ni zelo mehka. Čebula bo postala rahlo prozorna.

2. Dodajte maslo, balzamični kis ter po 1 žlico medu in sladkorja. Med občasnim mešanjem kuhamo odkrito, dokler vsa tekočina ne izhlapi in zmes postane zelo gosta.

3. Naj se malo ohladi. Postrezite pri sobni temperaturi ali rahlo toplo. To bo v hladilniku zdržalo do enega meseca. Če želite pogreti, konfit postavite v majhno skledo nad lonec z vrelo vodo ali segrejte v mikrovalovni pečici.

Solata iz pečene čebule in rdeče pese

Solata iz čebule in rdeče pese

Za 6 obrokov

Če v sezoni še niste jedli sveže pese, jo morate poskusiti. Ko so mladi in mehki, so izjemno sladki in aromatični. Kupujte jih poleti in jeseni, ko so najboljši. S staranjem postanejo oleseneli in brez okusa.

6 pese, narezane in naribane

2 veliki čebuli, olupljeni

6 žlic oljčnega olja

2 žlici rdečega vinskega kisa

Sol in sveže mlet črni poper

6 listov sveže bazilike

1. Na sredino pečice postavite rešetko. Pečico segrejte na 400 ° F. Peso zdrgnite in zavijte v velik list aluminijaste folije, ki jo dobro zaprete. Paket položimo na pekač.

2. Čebuli narežemo na majhne koščke. Položimo jih na pekač in jih premešamo z 2 žlicama olivnega olja.

3. V pečico postavimo sveženj rdeče pese in pekač s čebulo enega poleg drugega. Pečemo 1 uro ali dokler se pesa ne zmehča, ko jo prebodemo z nožem, in čebula zlato rjavo zapeče.

4. Pustite, da se pesa ohladi. Rdečo peso olupimo in narežemo na rezine.

5. V veliko skledo premešajte peso in čebulo s 1/4 skodelice oljčnega olja, kisom ter soljo in poprom po okusu. Potresemo z baziliko in takoj postrežemo.

Biserna čebula z medom in pomarančo

Cipolline vonj pomaranče

Za 8 obrokov

Sladko-kisla biserna čebula, aromatizirana z medom, pomarančo in kisom, je dobra za praznični puran ali pokrov, svinjsko pečenko ali kot predjed k narezanemu salumu. Lahko jih pripravite vnaprej, vendar jih morate pred serviranjem skrbno pogreti.

2 funta biserne čebule

1 pomaranča za popek

2 žlici nesoljenega masla

1 1/4 skodelice medu

1 1/4 skodelice belega vinskega kisa

Sol in sveže mlet črni poper

1. Zavremo velik lonec vode. Dodamo čebulo in pražimo 3 minute. Odcedimo in ohladimo pod tekočo vodo. Z ostrim

nožem obrijte konico korenin. Koncev ne zarežite pregloboko, sicer bo čebula med kuhanjem razpadla. Odstranite kožo.

2. Z rotacijskim lupilcem zelenjave odstranite pomarančno lupino. Zložite trakove lupine in jih narežite na tanke palčke. Iz pomaranč iztisnemo sok. Na stran.

3. V veliki kozici na zmernem ognju stopite maslo. Dodamo čebulo in kuhamo 30 minut ali dokler rahlo ne porjavi, ponev pa občasno stresamo, da se ne sprime.

4. Dodamo pomarančni sok, lupinico, med, kis ter sol in poper po okusu. Zmanjšajte toploto na nizko in kuhajte 10 minut, pogosto obračajte, dokler čebula ni mehka, ko jo prebodete z nožem in zalijete z omako. Naj se malo ohladi. Postrežemo toplo.

Grah s čebulo

Grah s čebulo

Za 4 porcije

Malo vode, dodane v lonec, pomaga, da se čebula zmehča in zmehča, ne da bi porjavela. Sladkost čebule izboljša okus graha.

2 žlici olivnega olja

1 srednja čebula, drobno sesekljana

4 žlice vode

2 skodelici svežega oluščenega graha ali 1 (10 unč) paket zamrznjenega graha

malo posušenega origana

Podplat

1. Vlijte olje v srednje veliko ponev. Dodamo čebulo in 2 žlici vode. Med pogostim mešanjem kuhajte, dokler čebula ni zelo mehka, približno 15 minut.

2. Dodajte grah, preostali 2 žlici vode, origano in sol. Pokrijte in kuhajte, dokler se grah ne zmehča, 5 do 10 minut.

Grah s pršutom in zeleno čebulo

Grah s pršutom

Za 4 porcije

Ta grah je odličen za jagnječje kotlete ali jagnječjo pečenko.

3 žlice nesoljenega masla

4 zelene čebule, narezane in na tanke rezine

2 skodelici svežega oluščenega graha ali 1 (10 unč) paket zamrznjenega graha

1 čajna žlička sladkorja

Podplat

4 tanke rezine uvoženega italijanskega pršuta, prečno narezane na tanke trakove

1. V srednji ponvi stopite 2 žlici masla. Dodamo zeleno čebulo in pražimo 1 minuto.

2. Dodamo grah, sladkor in sol po okusu. Prilijemo 2 žlici vode in ponev pokrijemo. Kuhajte, dokler se grah ne zmehča, 5 do 10 minut.

3. Dodamo pršut in preostalo žlico masla. Kuhajte še 1 minuto in postrezite vroče.

Sladki grah s solato in meto

Grah vse mete

Za 4 porcije

Celo zamrznjen grah ima okus po sveže nabranem kuhanju. Solata doda rahlo hrustljavost, meta pa svež, svetel okus.

2 žlici nesoljenega masla

1/4 skodelice čebule, zelo drobno sesekljane

2 skodelici svežega oluščenega graha ali 1 (10 unč) paket zamrznjenega graha

1 skodelica narezane zelene solate

12 listov mete, narezanih na koščke

Sol in sveže mlet črni poper

1. V srednje veliki kozici na srednjem ognju raztopimo maslo. Dodajte čebulo in kuhajte, dokler ni mehka in zlata, približno 10 minut.

2. Dodamo grah, solato, liste mete ter solimo in popramo po okusu. Prilijemo 2 žlici vode in ponev pokrijemo. Kuhajte 5 do 10 minut oziroma dokler se grah ne zmehča. Postrežemo toplo.

Velikonočna grahova solata

Velikonočna solata

Za 4 porcije

V petdesetih letih prejšnjega stoletja je Romeo Salta veljal za eno najboljših italijanskih restavracij v New Yorku. Izstopal je, ker je bil zelo eleganten in je služil severnoitalijanski hrani v času, ko je večina ljudi poznala le družinske restavracije, ki so stregle rdeče jedi z juga. Lastnik, Romeo Salta, se je restavracijskega posla naučil z delom na luksuznih križarkah, ki so bile v tistem času najboljši poligon za usposabljanje restavracijskega osebja. Ta solata bi se pojavila na jedilniku okrog velike noči, ko bi bilo svežega graha v izobilju. V originalnem receptu so bili tudi sardoni, meni pa je bolj všeč solata brez njih. Včasih k pršutu dodam še nasekljan švicarski sir ali podobno.

2 1/2 skodelice svežega oluščenega graha ali 1 (10 unč) paket zamrznjenega graha

Podplat

1 kuhan rumenjak

1 1/4 skodelice olivnega olja

1 1/4 skodelice limoninega soka

sveže mlet črni poper

2 unči narezanega uvoženega italijanskega pršuta, prečno narezanega na tanke trakove

1. Za svež ali zamrznjen grah zavrite srednje velik lonec vode. Dodamo grah in sol po okusu. Kuhajte, dokler se grah ne zmehča, približno 3 minute. Grah odcedimo. Ohladimo jih pod hladno tekočo vodo. Posušite grah.

2. V skledi z vilicami pretlačimo rumenjak. Vmešajte olje, limonin sok ter sol in poper po okusu. Dodamo grah in nežno premešamo. Dodamo lističe pršuta in takoj postrežemo.

pečena paprika

Pečeni feferoni

Za 8 obrokov

Pečena paprika je odlična v solatah, omletah in sendvičih. Dobro tudi zmrznejo, tako da lahko poleti, ko je paprike veliko, naredite serijo in jo shranite za ozimnico.

8 velikih rdečih, rumenih ali zelenih paprik

1. Pekač pokrijemo z aluminijasto folijo. Ponev postavite približno 3 cm stran od vira toplote. V ponev položite cele paprike. Prižgite žar. Paprike spečemo na žaru, pogosto jih obračamo s kleščami, cca. 15 minut ali dokler koža ni mehurjasta in zoglenela. Paprike damo v skledo. Pokrijemo z aluminijasto folijo in pustimo, da se ohladi.

2. Papriko prerežemo na pol in sok prelijemo v skledo. Olupite kožo in zavrzite semena in stebla.

3. Paprike po dolžini narežite na 1-palčne trakove in jih položite v servirno skledo. Precedite sok čez paprike.

4. Postrezite pri sobni temperaturi ali ohladite in postrezite hladno. Paprike se hranijo 3 dni v hladilniku ali 3 mesece v zamrzovalniku.

Solata iz pečene paprike

Solata iz pečenih feferonov

Za 8 obrokov

Te paprike postrezite kot del predjedi, kot prilogo k tuni ali svinjini na žaru ali kot predjedi s sveže narezano mocarelo.

1 recept (8 paprik) pečena paprika

1/3 skodelice ekstra deviškega oljčnega olja

4 liste bazilike, narezane na koščke

2 stroka česna, narezana na tanke rezine

Sol in sveže mlet črni poper

> Po potrebi pripravite papriko. Papriko prelijemo z oljem, baziliko, česnom ter soljo in poprom po okusu. Pred serviranjem pustite stati 1 uro.

Pečena paprika s čebulo in zelišči

Feferoni Arrostiti s čebulo

Za 4 porcije

Te paprike postrezite tople ali pri sobni temperaturi. So tudi odličen preliv za crostinije.

1/2 receptpečena paprika; uporabite rdečo ali rumeno papriko

1 srednja čebula, prepolovljena in na tanko narezana

Ščepec sesekljane rdeče paprike

2 žlici olivnega olja

Podplat

1 1/2 čajne žličke posušenega origana, zdrobljenega

2 žlici sesekljanega svežega peteršilja

1. Po potrebi pripravite papriko v koraku 3. Nato paprike odcedimo in po dolžini narežemo na 1/2-palčne trakove.

2. V srednje veliki ponvi kuhajte čebulo z zdrobljeno rdečo papriko v olju na srednjem ognju, dokler čebula ne postane mehka in zlata, približno 10 minut. Dodamo papriko, origano in sol po okusu. Kuhajte, občasno premešajte, dokler se ne segreje, približno 5 minut. Dodamo peteršilj in kuhamo še 1 minuto. Postrezite toplo ali pri sobni temperaturi.

Pečena paprika s paradižnikom

Pečeni feferoni

Za 4 porcije

V tem receptu iz Abrucev svež in ne preveč pekoč čili daje papriki okus. Lahko nadomestimo zdrobljeno rdečo papriko ali majhen posušen čili. Te paprike so odlične v sendviču.

2 veliki rdeči papriki

2 veliki rumeni papriki

1 čili, kot jalapeño, brez semen in narezan

3 žlice oljčnega olja

Podplat

2 stroka mletega česna

2 srednje velika paradižnika, olupljena, brez semen in narezana

1. Na sredino pečice postavite rešetko. Pečico segrejte na 400 ° F. Namastite velik pekač. Papriko položite na desko za

rezanje. Držite steblo z eno roko in postavite rob velikega, težkega kuharskega noža tik za rob pokrova. Odrezati. Papriko obrnemo za 90° in jo ponovno prerežemo. Ponovite, obračajte in odrežite preostali dve strani. Zavrzite srce, semena in pecelj, ki ostanejo v enem kosu. Odrežite membrane in postrgajte semena.

2. Paprike po dolžini narežite na 1-palčne trakove. V ponev damo čili. Dodamo olje in sol po okusu ter dobro premešamo. Papriko porazdelimo po pekaču.

3. Paprike kuhamo 25 minut. Dodamo česen in paradižnik ter dobro premešamo. Pečemo še 20 minut oziroma dokler se paprike ne zmehčajo, ko jih prebodemo z nožem. Postrežemo toplo.

Paprike z balzamičnim kisom

Balzamični feferoni

Za 6 obrokov

Sladkost balzamičnega kisa dopolnjuje sladkobo paprike. Postrezite toplo s svinjskimi ali jagnječjimi kotleti ali pri sobni temperaturi s hladnim piščancem ali svinjsko pečenko.

6 velikih rdečih paprik

1 1/4 skodelice olivnega olja

Sol in sveže mlet črni poper

2 žlici balzamičnega kisa

1. Na sredino pečice postavite rešetko. Pečico segrejte na 400° F. Paprike položite na desko za rezanje. Držite steblo z eno roko in postavite rob velikega, težkega kuharskega noža tik za rob pokrova. Odrezati. Papriko obrnemo za 90° in jo ponovno prerežemo. Ponovite, obračajte in odrežite preostali dve strani. Zavrzite srce, semena in pecelj, ki

ostanejo v enem kosu. Odrežite membrane in postrgajte semena.

2. Papriko narežite na 1-palčne trakove. Dajte jih v veliko plitvo ponev z oljem, soljo in poprom. dobro premešamo Paprike kuhamo 30 minut.

3. Dodajte kis. Papriko kuhajte še 20 minut oziroma dokler se ne zmehča. Postrezite toplo ali pri sobni temperaturi.

vložene paprike

Feferoni Sott'Aceto

Naredi 2 pinti

Pisane vložene paprike so okusne na sendvičih ali klobasah. Te lahko uporabimo za izdelavo Poprova omaka na način Molise.

2 veliki rdeči papriki

2 veliki rumeni papriki

Podplat

2 skodelici belega vinskega kisa

2 skodelici vode

Ščepec sesekljane rdeče paprike

1. Papriko položite na desko za rezanje. Držite steblo z eno roko in postavite rob velikega, težkega kuharskega noža tik za rob pokrova. Odrezati. Papriko obrnemo za 90° in jo ponovno prerežemo. Ponovite, obračajte in odrežite preostali dve strani. Zavrzite srce, semena in pecelj, ki

ostanejo v enem kosu. Odrežite membrane in postrgajte semena. Paprike po dolžini narežite na 1-palčne trakove. Paprike položimo v cedilo na krožnik in potresemo s soljo. Pustite odcejati 1 uro.

2. Zmešajte kis, vodo in zdrobljeno rdečo papriko v nereaktivni ponvi. Zavremo. Odstranite z ognja in pustite, da se nekoliko ohladi.

3. Paprike sperite pod hladno vodo in jih osušite. Papriko zapakirajte v 2 sterilizirana zidana kozarca. Prilijemo ohlajeno mešanico kisa in zapremo. Pred uporabo pustite na hladnem in temnem mestu 1 teden.

Paprika z mandlji

Feferoni vsi Mandorle

Za 4 porcije

Stara prijateljica moje mame, čigar družina prihaja iz Ischie, majhnega otoka v Neapeljskem zalivu, ji je dala ta recept. Najraje ga je postregel za kosilo na rezinah italijanskega kruha, popečenih na oljčnem olju do zlate barve.

2 rdeči in 2 rumeni papriki

1 strok česna, rahlo strt

3 žlice oljčnega olja

2 srednje velika paradižnika, olupljena, brez semen in narezana

1 1/4 skodelice vode

2 žlici kaper

4 sesekljane fileje inčunov

4 unče praženih mandljev, grobo sesekljanih

1. Papriko položite na desko za rezanje. Držite steblo z eno roko in postavite rob velikega, težkega kuharskega noža tik za rob pokrova. Odrezati. Papriko obrnemo za 90° in jo ponovno prerežemo. Ponovite, obračajte in odrežite preostali dve strani. Zavrzite srce, semena in pecelj, ki ostanejo v enem kosu. Odrežite membrane in postrgajte semena.

2. V večji ponvi na srednjem ognju na olju prepražimo česen, ki ga enkrat ali dvakrat pretlačimo s hrbtno stranjo žlice. Takoj, ko se rahlo zlate, cca. 4 minute, zavrzite česen.

3. V ponev dodamo papriko. Kuhajte, občasno premešajte, dokler se ne zmehča, približno 15 minut.

4. Dodamo paradižnik in vodo. Kuhajte, dokler se omaka ne zgosti, še približno 15 minut.

5. Dodamo kapre, inčune in mandlje. Poskusi sol. Kuhamo še 2 minuti. Pred serviranjem naj se nekoliko ohladi.

Paprika s paradižnikom in čebulo

feferoni

Za 4 porcije

Zdi se, da ima vsaka regija svojo različico peperonate. Nekateri dodajo kapre, olive, dišavnice ali inčune. Postrezite kot prilogo ali kot omako k prašičku ali ribam na žaru.

4 rdeče ali rumene paprike (ali mešanica)

2 srednji čebuli, narezani na tanke rezine

3 žlice oljčnega olja

3 velike paradižnike olupite, odstranite semena in narežite na koščke

1 strok česna, drobno sesekljan

Podplat

1. Papriko položite na desko za rezanje. Držite steblo z eno roko in postavite rob velikega, težkega kuharskega noža tik za rob pokrova. Odrezati. Papriko obrnemo za 90° in jo

ponovno prerežemo. Ponovite, obračajte in odrežite preostali dve strani. Zavrzite srce, semena in pecelj, ki ostanejo v enem kosu. Odrežite membrane in postrgajte semena. Papriko narežite na 1/4-palčne trakove.

2. V veliki ponvi na zmernem ognju pražite čebulo na oljčnem olju, dokler ni mehka in zlata, približno 10 minut. Dodajte trakove popra in kuhajte še 10 minut.

3. Dodamo paradižnik, česen in sol po okusu. Pokrijte in kuhajte 20 minut oziroma dokler se paprika ne zmehča, ko jo prebodete z nožem. Če ostane veliko tekočine, jo odkrijemo in kuhamo toliko časa, da se omaka zgosti in reducira. Postrezite toplo ali pri sobni temperaturi.

Polnjene paprike

Feferoni Ripieni

Za 4 do 8 obrokov

Moja babica je te paprike vedno pripravljala poleti. Zjutraj sem jih skuhala v veliki črni ponvi in do kosila so bile na primerni temperaturi za postrežbo z rezinami kruha.

1/4 skodelice naravnih, suhih krušnih drobtin, narejenih z italijanskim ali francoskim kruhom

1/3 skodelice sveže naribanega Pecorina Romano ali Parmigiano-Reggiano

1 1/4 skodelice sesekljanega svežega peteršilja

1 strok česna, drobno sesekljan

Sol in sveže mlet črni poper

Približno 1/2 skodelice oljčnega olja

8 dolgih svetlo zelenih italijanskih paprik za pečenje

3 skodelice olupljenih, semen in narezanih svežih paradižnikov ali 1 (28 unč) pločevinka zdrobljenih paradižnikov

6 listov sveže bazilike, narezanih na koščke

1. V skledi zmešamo drobtine, sir, peteršilj, česen ter sol in poper. Dodamo 3 žlice olja oziroma toliko, da se drobtine enakomerno navlažijo.

2. Papriki odrežemo vrh in odstranimo semena. Mešanico krušnih drobtin prelijte čez paprike, tako da na vrhu pustite približno 1 cm prostora. Paprik ne napolnimo preveč, sicer se bo nadev med kuhanjem razlil.

3. V veliki ponvi segrejte 1/4 skodelice olja na zmernem ognju, dokler v ponvi ne zacvrči košček paprike. S kleščami previdno dodamo papriko. Kuhajte, občasno obračajte s kleščami, dokler ne postane zlato rjave barve z vseh strani, približno 20 minut.

4. Okoli paprik dodamo paradižnik, baziliko ter sol in poper po okusu. Zavremo. Pokrijte in kuhajte, pri čemer paprike enkrat ali dvakrat obrnite, dokler niso zelo mehke, približno 15 minut. Če je omaka presuha, dodamo malo

vode. Odkrijemo in kuhamo toliko časa, da se omaka zgosti, cca. Še 5 minut Postrezite toplo ali pri sobni temperaturi.

Napolitanske polnjene paprike

Nonin feferoni

Za 6 obrokov

Če imajo Sicilijanci nešteto načinov za pripravo jajčevcev, so Neapeljčani enako kreativni pri papriki. To je še en tipičen neapeljski recept, ki ga je pripravljala moja babica.

2 srednja jajčevca (približno 1 funt vsak)

6 velikih rdečih, rumenih ali zelenih paprik, narezanih na 1/2-palčne trakove

1/2 skodelice plus 3 žlice oljčnega olja

3 srednji paradižniki, olupljeni, brez semen in narezani

3/4 skodelice v olju sušenih črnih oliv brez koščic, kot je Gaeta

6 filejev inčunov, drobno narezanih

3 žlice kaper, oplaknjene in odcejene

1 velik strok česna, olupljen in drobno sesekljan

3 žlice sesekljanega svežega peteršilja

sveže mlet črni poper

1/2 skodelice plus 1 žlica krušnih drobtin

1. Jajčevce obrežite in narežite na 3/4-palčne kocke. Kose položite v cedilo in vsako plast potresite s soljo. Cedilo postavimo na krožnik in pustimo 1 uro, da se odcedi. Jajčevce oplaknite in posušite z vpojnim papirjem.

2. V veliki ponvi segrejte 1/2 skodelice olja na zmernem ognju. Dodajte jajčevce in kuhajte, občasno premešajte, dokler se ne zmehčajo, približno 10 minut.

3. Dodajte paradižnik, olive, inčune, kapre, česen, peteršilj in poper po okusu. Zavremo, nato pa kuhamo še 5 minut. Dodajte 1/2 skodelice krušnih drobtin in odstavite z ognja.

4. Na sredino pečice postavite rešetko. Pečico segrejte na 450° F. Namastite dovolj velik pekač, da lahko paprike držite pokonci.

5. Papriki odrežite stebla in ji odstranite semena in belo kožico. Z mešanico jajčevcev nadevamo paprike. V

pripravljeno ponev položite papriko. Potresemo s preostalo 1 žlico krušnih drobtin in pokapljamo s preostalimi 3 žlicami olja.

6. Okoli paprike nalijte 1 skodelico vode. Pečemo 1 uro in 15 minut oziroma dokler se paprika ne zmehča in rahlo porjavi. Postrezite toplo ali pri sobni temperaturi.

Polnjene paprike na način Ada Boni

Feferoni Ripieni alla Ada Boni

Za 4 do 8 obrokov

Ada Boni je bila znana italijanska pisateljica in avtorica več kuharskih knjig. Njegova italijanska regionalna kuhinja je klasika in ena prvih knjig na to temo, ki je bila prevedena v angleščino. Ta recept je prilagojen poglavju o Siciliji.

4 srednje rdeče ali rumene paprike

1 skodelica praženih drobtin

4 žlice rozin

1 1/2 skodelice mehkih črnih oliv brez koščic

6 sesekljanih filejev inčunov

2 žlici sesekljane sveže bazilike

2 žlici kaper oplaknite, odcedite in nasekljajte

1/4 skodelice plus 2 žlici oljčnega olja

1 skodelicaSicilijanska paradižnikova omaka

1. Na sredino pečice postavite rešetko. Pečico segrejte na 375 ° F. Namastite pekač 13 x 9 x 2 palca.

2. Z velikim, težkim kuharskim nožem papriko po dolžini prerežite na pol. Odrežite peclje, semena in belo kožico.

3. V veliki skledi zmešajte krušne drobtine, rozine, olive, inčune, baziliko, kapre in 1/4 skodelice olja. Okusite in prilagodite začimbe. (Sol je verjetno nepotrebna.)

4. Mešanico prelijemo čez polovičke paprike. Prelijemo z omako. Pečemo 50 minut oziroma dokler paprike niso zelo mehke, ko jih prebodemo z nožem. Postrezite toplo ali pri sobni temperaturi.

Ocvrta paprika

Feferoni Fritti

Za 6 do 8 obrokov

Hrustljavi in sladki, težko se jim je upreti. Postrezite jih z omleto ali s poljubnim kuhanim mesom.

4 velike rdeče ali rumene paprike

1 1/2 skodelice večnamenske moke

Podplat

1. Papriko položite na desko za rezanje. Držite steblo z eno roko in postavite rob velikega, težkega kuharskega noža tik za rob pokrova. Odrezati. Papriko obrnemo za 90° in jo ponovno prerežemo. Ponovite, obračajte in odrežite preostali dve strani. Zavrzite srce, semena in pecelj, ki ostanejo v enem kosu. Odrežite membrane in postrgajte semena. Papriko narežite na 1/4-palčne trakove.

2. V globoki ponvi segrejte približno 2 cm olja, dokler temperatura na termometru za globoko cvrtje ne doseže 375 °F.

3. Pekač obložimo s kuhinjskim papirjem. V plitvo skledo dajte moko. Trakove paprike povaljajte v moki, odvečno otresite.

4. V vroče olje po malem dodajte trakove paprike. Pražite do zlate in mehke približno 4 minute. Odcedimo na kuhinjskem papirju. Preostanek prepražimo v serijah, na enak način. Potresemo s soljo in takoj postrežemo.

Dušene paprike z bučkami in meto

Feferoni in bučke v ponvi

Za 6 obrokov

Dlje kot stoji, boljšega okusa je, zato ga pripravite zgodaj zjutraj, da ga postrežete za poznejši obrok.

1 rdeča paprika

1 rumena paprika

2 žlici olivnega olja

4 majhne bučke, narezane na 1⁄4-palčne rezine

Podplat

2 žlici belega vinskega kisa

2 stroka česna, drobno sesekljana

2 žlici sesekljane sveže mete

1 1/2 čajne žličke posušenega origana

Ščepec sesekljane rdeče paprike

1. Papriko položite na desko za rezanje. Držite steblo z eno roko in postavite rob velikega, težkega kuharskega noža tik za rob pokrova. Odrezati. Papriko obrnemo za 90° in jo ponovno prerežemo. Ponovite, obračajte in odrežite preostali dve strani. Zavrzite srce, semena in pecelj, ki ostanejo v enem kosu. Odrežite membrane in postrgajte semena. Papriko narežite na 1-palčne trakove.

2. V veliki ponvi segrejte olje na zmernem ognju. Dodamo poper in med mešanjem kuhamo 10 minut.

3. Dodamo bučke in solimo po okusu. Kuhajte, občasno premešajte, dokler se bučke ne zmehčajo, približno 15 minut.

4. Medtem ko se zelenjava kuha, v srednji skledi zmešajte kis, česen, zelišča, papriko in sol.

5. Dodamo papriko in bučke. Pustite stati, dokler se zelenjava ne segreje na sobno temperaturo. Okusite in prilagodite začimbe.

Terina pečene paprike in jajčevca

Format feferoni in jajčevci

Za 8 do 12 obrokov

To je nenavadna in lepa terina iz vloženih paprik, jajčevcev in arom. Po ohlajanju poprov sok nekoliko želira in drži terino skupaj. Postrezite kot predjed ali kot prilogo k mesu na žaru.

4 zrnardeča paprika, pražena in olupljena

2 velika jajčevca (približno 1 1/2 funta vsak)

Podplat

Olivno olje

1 1/2 skodelice sesekljanih svežih listov bazilike

4 veliki stroki česna, olupljeni, brez semen in drobno narezani

1 1/4 skodelice rdečega vinskega kisa

sveže mlet črni poper

1. Po potrebi pripravite papriko. Jajčevce obrežite in po dolžini narežite na 1/4 palca debele rezine. Rezine položite v cedilo in vsako plast potresite s soljo. Pustite vsaj 30 minut.

2. Pečico segrejte na 450° F. Dva velika modela za žele namažite z oljem.

3. Rezine jajčevcev oplaknemo v hladni vodi in jih osušimo s kuhinjskim papirjem. Jajčevce razporedite po modelčkih v eni plasti. Premažite z oljem. Jajčevce pečemo približno 10 minut, da se na vrhu rahlo zlato zapečejo. Kose obrnite s kleščami in pecite še 10 minut ali dokler se ne zmehčajo in rahlo porjavijo.

4. Papriko odcedimo in narežemo na 1-palčne trakove.

5. Pekač 8 x 4 x 3 palcev obložite s plastično folijo. Na dno pekača položimo plast rezin jajčevcev, ki jih rahlo prekrivamo. Na jajčevce položimo pečeno papriko. Potresemo z baziliko, česnom, kisom, oljem ter solimo in popramo po okusu. Nadaljujte z nalaganjem plasti, vsako plast močno pritiskajte, dokler ne porabite vseh sestavin.

Pokrijte s plastično folijo in vsebino obtežite z drugim modelom, napolnjenim s težkimi pločevinkami. Hladite vsaj 24 ur ali največ 3 dni.

6. Za serviranje terino odkrijemo in zvrnemo na krožnik. Previdno odstranite plastično folijo. Terino narežemo na debele rezine. Postrežemo hladno ali pri sobni temperaturi.

kisli krompir

Krompir Agrodolce

Za 6 do 8 obrokov

To je sicilijanska krompirjeva solata, ki jo postrežemo pri sobni temperaturi z rebrci na žaru, piščancem ali klobasami.

2 funta večnamenskega krompirja, kot je Yukon Gold

1 čebula

2 žlici olivnega olja

1 skodelica mehkih črnih oliv, kot je Gaeta

2 žlici kaper

Sol in sveže mlet črni poper

2 žlici belega vinskega kisa

2 žlici sladkorja

1. Krompir zdrgnite s krtačo pod mrzlo vodo. Olupite jih, če želite. Krompir prerežite na pol ali na četrtine, če je velik. V

veliki ponvi na olju pražite čebulo, dokler ni mehka in zlato rjava, približno 10 minut.

2. Dodamo krompir, olive, kapre ter sol in poper po okusu. Dodajte 1 skodelico vode in zavrite. Kuhajte 15 minut.

3. V majhni skledi zmešajte kis in sladkor ter dodajte v ponev. Nadaljujte s kuhanjem, dokler se krompir ne zmehča, približno 5 minut. Odstranite z ognja in pustite, da se popolnoma ohladi. Postrezite pri sobni temperaturi.

Krompir z balzamičnim kisom

Balzamični krompir

Za 6 obrokov

Rdeča čebula in balzamični okus tega krompirja. Dobri so tudi pri sobni temperaturi.

2 funta večnamenskega krompirja, kot je Yukon Gold

2 žlici olivnega olja

1 velika rdeča čebula, sesekljana

2 žlici vode

Sol in sveže mlet črni poper

2 žlici balzamičnega kisa

1. Krompir zdrgnite s krtačo pod mrzlo vodo. Olupite jih, če želite. Krompir prerežite na pol ali na četrtine, če je velik.

2. V srednji ponvi na srednjem ognju segrejte olje. Dodamo krompir, čebulo, vodo ter sol in poper po okusu. Ponev

pokrijemo in ogenj zmanjšamo na nizko. Pečemo 20 minut oziroma dokler se krompir ne zmehča.

3. Ponev odkrijemo in dodamo kis. Kuhajte, dokler večina tekočine ne izhlapi, približno 5 minut. Postrezite toplo ali pri sobni temperaturi.

Tunino nabodalo s pomarančo

Spiedini di Tonno

Za 4 porcije

Vsako pomlad se sicilijanski ribiči zberejo na mattanzi, klanju tune. Ta obredni ribiški maraton vključuje več majhnih čolnov, napolnjenih z moškimi, ki lovijo selitvene tune v vrsto manjših in manjših mrež, dokler jih ne ujamejo. Ogromne ribe pobijejo in pripeljejo na ladje. Postopek je naporen, moški pa med delom pojejo posebne pesmi, ki jih zgodovinarji segajo v srednji vek ali celo prej. Čeprav ta praksa izumira, je še vedno nekaj krajev ob severni in zahodni obali, kjer poteka mattanza.

Sicilijanci imajo nešteto načinov za pripravo tune. Pri njem je aroma pečene pomaranče in zelišč prehitela mamljiv okus čvrstih kosov ribe.

1 1/2 funta svežih filejev tune, mečarice ali lososa (debeline približno 1 cm)

1 pupka pomaranče, razrezana na 16 kosov

1 manjša rdeča čebula, narezana na 16 kosov

2 žlici olivnega olja

2 žlici svežega limoninega soka

1 žlica sveže sesekljanega rožmarina

Sol in sveže mlet črni poper

6 do 8 lovorovih listov

1. Tuno narežite na 1 1/2-palčne kose. V veliki skledi premešajte koščke tune, pomarančo in rdečo čebulo z oljčnim oljem, limoninim sokom, rožmarinom ter soljo in poprom po okusu.

2. Žar ali žar postavite približno 5 centimetrov od vira toplote. Predgrejte žar ali žar.

3. Na 8 nabodal izmenično nanizajte tuno, rezine pomaranče, čebulo in lovorjev list.

4. Pecite na žaru ali dokler tuna ne postane zlato rjave barve, približno 3 do 4 minute. Nabodala obrnemo in jih pečemo toliko časa, da so zunaj zlato rjavi, a v sredini še rožnati,

pribl. 2 minuti ali dokler ni kuhano po okusu. Postrežemo toplo.

Tuna in poper na žaru na moliški način

Tuna in feferoni

Za 4 porcije

Paprika in paprika sta ena od značilnosti moliške kuhinje. To jed sem najprej pripravila s skušo, ki je podobna skuši, vendar jo velikokrat naredim s tuninimi fileji ali mečarico.

4 rdeče ali rumene paprike

4 fileji tune (vsak približno 3/4 palca debel)

2 žlici olivnega olja

Sol in sveže mlet črni poper

1 žlica svežega limoninega soka

2 žlici sesekljanega svežega peteršilja

1 majhen jalapeño ali drug svež čili, drobno narezana ali zdrobljena rdeča paprika po okusu

1 strok česna, drobno sesekljan

1. Žar ali žar postavite približno 5 centimetrov od vira toplote. Pripravite srednji ogenj na žaru ali predhodno segrejte žar.

2. Paprike pecite na žaru ali jih pogosto obračajte, dokler se na koži ne naredijo mehurji in rahlo zoglene, približno 15 minut. Papriko damo v skledo in pokrijemo z aluminijasto folijo ali folijo za živila.

3. Tunine fileje zmeljemo z oljem ter solimo in popramo po okusu. Pecite ribe na žaru ali žaru do zlato rjave barve na eni strani, približno 2 minuti. Ribo s kleščami obrnemo in popečemo do zlato rjave barve na drugi strani, a na sredini še rožnato, cca. še 2 minuti ali dokler ne želite. Preverite, ali je pripravljena, tako da naredite majhen rez v najdebelejšem delu ribe.

4. Papriko očistite, olupite in izrežite sredico. Paprike narežite na 1/2-palčne trakove in jih položite v skledo. Začinimo z 2 žlicama olja, limoninim sokom, peteršiljem, čilijem, česnom in solimo po okusu. Nežno premešajte.

5. Ribo narežite na 1/2-palčne rezine. Rezine rahlo prekrivajoče položimo na servirni krožnik. Na vrh nalijemo papriko. Postrežemo toplo.

Tuna na žaru z limono in origanom

Tuna alla Griglia

Za 4 porcije

Ko sem leta 1970 prvič obiskal Sicilijo, ni bilo veliko restavracij; tisti, ki so obstajali, so stregli isti meni. Tako pripravljene zrezke tune ali mečarice sem jedla za skoraj vsako kosilo in večerjo. Na srečo sem bil vedno dobro pripravljen. Sicilijanci svoje ribje fileje narežejo le na 1/2 palca, jaz pa jih imam raje na 1 palec, da se ne skuhajo preveč enostavno. Tuna je najboljša vlažna in mehka, če je kuhana, dokler sredica ni rdeča ali rožnata, medtem ko mora biti mečarica rahlo rožnata. Ker ima hrustanec, ki ga je treba zmehčati, lahko morski pes kuhamo nekoliko dlje.

4 fileje tune, mečarice ali morskega psa, debeli približno 1 cm

Olivno olje

Sol in sveže mlet črni poper

1 žlica sveže iztisnjenega limoninega soka

1 1/2 čajne žličke posušenega origana

1. Rešetko ali žar postavite približno 5 centimetrov od vira toplote. Predgrejte žar ali žar.

2. Zrezke izdatno premažite z oljem ter po okusu posolite in popoprajte.

3. Ribo pecite na žaru, dokler rahlo ne porjavi na eni strani, 2 do 3 minute. Ribo obrnemo in pražimo do rahlo zlate barve, a znotraj še vedno rožnate, pribl. še 2 minuti ali dokler ne želite. Preverite, ali je pripravljena, tako da naredite majhen rez v najdebelejšem delu ribe.

4. V manjši skledici zmešajte 3 žlice olivnega olja, limonin sok, origano ter sol in poper po okusu. Tunine fileje prelijemo z mešanico limoninega soka in takoj postrežemo.

Hrustljavi tunini fileji na žaru

Tuna alla Griglia

Za 4 porcije

Drobtine poskrbijo za lepo hrustljavo prevleko teh ribjih filejev.

4 fileje tune ali mečarice (debeline 1 cm)

3/4 skodelice suhih krušnih drobtin

1 žlica sveže sesekljanega peteršilja

1 žlica sesekljane sveže mete ali 1 žlička posušenega origana

Sol in sveže mlet črni poper

4 žlice oljčnega olja

Limonine rezine

1. Predgrejte žar. Namastimo pekač. V skledi zmešamo drobtine, peteršilj, meto ter sol in poper. Dodamo 3 žlice olja ali le toliko, da se drobtine navlažijo.

2. V ponev položite ribje fileje. Polovico strgalnikov razporedite po ribah, jih potolčite.

3. Zrezke pecite na žaru približno 6 cm od vročine 3 minute ali dokler drobtine ne zlato porumenijo. Fileje s kovinsko lopatko previdno obrnemo in potresemo s preostalimi drobtinami. Pecite na žaru še 2 do 3 minute ali dokler sredina še ni rožnata ali po okusu. Preverite, ali je pripravljena, tako da naredite majhen rez v najdebelejšem delu ribe.

4. Pokapljamo s preostalo žlico olja. Postrezite vroče, z rezinami limone.

Tuna na žaru s pestom iz rukole

Tuna v pestu

Za 4 porcije

Pikanten okus rukole in svetlo smaragdno zelena barva te omake odlično dopolnjuje svežo tuno ali mečarico. Ta jed je dobra tudi pri hladni sobni temperaturi.

4 fileje tune, debeli približno 1 cm

Olivno olje

Sol in sveže mlet črni poper

pesto iz rukole

1 šopek rukole, oprane in brez pecljev (približno 2 skodelici rahlo pakirane)

1 1/2 skodelice rahlo pakirane sveže bazilike

2 stroka česna

1 1/2 skodelice olivnega olja

Sol in sveže mlet črni poper

1. Ribo natrite z malo olja ter solite in poprajte po okusu. Pokrijte in ohladite, dokler ni pripravljeno za kuhanje.

2. Kako pripraviti pesto: rukolo, baziliko in česen dajte v kuhinjski robot in pretlačite, da se drobno sesekljajo. Počasi dodajte olje in obdelajte, dokler ni gladko. Solimo in popramo po okusu. Pokrijte in pustite počivati 1 uro na sobni temperaturi.

3. V veliki ponvi proti prijemanju segrejte 1 žlico olja na zmernem ognju. Dodajte rezine tune in kuhajte 2 do 3 minute na vsaki strani ali dokler niso zlato rjave na zunanji strani, vendar še vedno rožnate v sredini, ali dokler niso kuhane po okusu. Preverite, ali je pripravljena, tako da naredite majhen rez v najdebelejšem delu ribe.

4. Tuno postrezite toplo ali pri sobni temperaturi, prelito s pestom iz rukole.

Tunina in fižolova enolončnica Cannellini

Peč Tonno

Za 4 porcije

Pozimi kuham več mesa kot morskih sadežev, ker se zdi meso bolj zadovoljivo, ko je hladno. Izjema je ta enolončnica iz fižola in svežih, mesnatih tuninih filejev. Ima vse lastnosti, ki držijo rebra, in odličen okus fižolove enolončnice, vendar brez mesa, zato je popoln za ljudi, ki imajo raje brezmesne obroke.

2 žlici olivnega olja

1 1/2 funta sveže tune (debele 1 palec), narezane na 1 1/2 inčne kose

Sol in sveže mlet črni poper po okusu.

1 velika rdeča ali zelena paprika, narezana na majhne koščke

1 skodelica konzerviranih pelatov, odcejenih in narezanih

1 velik strok česna, drobno sesekljan

6 listov sveže bazilike, narezanih na koščke

1 pločevinka (16 unč) fižola kanelini, oplaknjena in odcejena, ali 2 skodelici kuhanega suhega fižola

1. V veliki kozici na srednjem ognju segrejte olje. Kose tune osušite s kuhinjskim papirjem. Ko se olje segreje, dodajte koščke tune, ne da bi napolnili ponev. Kuhajte, dokler kosi zunaj rahlo ne porjavijo, približno 6 minut. Tuno prestavimo na krožnik. Potresemo s soljo in poprom.

2. Dodajte papriko v ponev in kuhajte, občasno premešajte, dokler ne začne rjaveti, približno 10 minut. Dodamo paradižnik, česen, baziliko, sol in poper. Zavremo. Dodajte fižol, pokrijte in zmanjšajte ogenj na nizko. Kuhajte 10 minut.

3. Dodamo tuno in kuhamo toliko časa, da je tuna na sredini rahlo rožnata, cca. še 2 minuti ali dokler ne želite. Preverite, ali je pripravljena, tako da naredite majhen rez v najdebelejšem delu ribe. Postrežemo toplo.

Sicilijanska mečarica s čebulo

Fish Spada in Sfinciuni

Za 4 porcije

Sicilijanski kuharji pripravijo okusno pico, imenovano sfinciuni, beseda izpeljana iz arabščine in pomeni "lahka" ali "zračna". Pica ima debelo, a rahlo skorjo in je prelita s čebulo, inčuni in paradižnikovo omako. Ta tradicionalni recept za mečarico izhaja iz te pice.

3 žlice oljčnega olja

1 srednja čebula, narezana na tanke rezine

4 sesekljane fileje inčunov

1 skodelica olupljenih, semen in narezanih svežih ali konzerviranih paradižnikov, odcejenih in narezanih na kocke

Ščepec posušenega origana, zdrobljenega

Sol in sveže mlet črni poper po okusu.

4 fileji mečarice, debeli približno 3/4 palca

2 žlici suhih drobtin

1. V srednjo ponev vlijemo 2 žlici olja. Dodajte čebulo in kuhajte do mehkega približno 5 minut. Dodajte sardone in kuhajte še 5 minut oziroma dokler se ne zmehčajo. Dodamo paradižnik, origano, sol in poper ter dušimo 10 minut.

2. Na sredino pečice postavite rešetko. Pečico segrejte na 350° F. Namastite pekač, ki je dovolj velik, da lahko držite ribe v eni plasti.

3. Posušite fileje mečarice. Položite jih v pripravljen pekač. Potresemo s soljo in poprom. Z žlico prelijemo omako. Drobtine zmešamo s preostalo žlico olja. Drobtine razporedimo po omaki.

4. Pečemo 10 minut oziroma dokler riba v sredini ni rahlo rožnata. Preverite, ali je pripravljena, tako da naredite majhen rez v najdebelejšem delu ribe. Postrežemo toplo.

Beneški krompir

beneški krompir

Za 4 porcije

Čeprav uporabljam krompir Yukon Gold za večino obrokov, je na voljo veliko drugih odličnih vrst, zlasti na tržnicah, ki dodajo raznolikost krompirjevim jedem. Finski rumeni krompir je dober za cvrtje in pečenje, ruski rdeči krompir pa za solate. Čeprav se zdijo čudni, je modri krompir lahko tudi zelo dober.

1 1/4 funta večnamenskega krompirja, kot je Yukon Gold

2 žlici nesoljenega masla

1 žlica olivnega olja

1 srednja čebula, sesekljana

Sol in sveže mlet črni poper

2 žlici sesekljanega svežega peteršilja

1. Krompir zdrgnite s krtačo pod mrzlo vodo. Olupite jih, če želite. Krompir prerežite na pol ali na četrtine, če je velik. V

veliki kozici na zmernem ognju stopite maslo z oljem. Dodajte čebulo in kuhajte do mehkega približno 5 minut.

2. Dodamo krompir ter solimo in popramo po okusu. Ponev pokrijemo in med občasnim mešanjem kuhamo približno 20 minut oziroma dokler se krompir ne zmehča.

3. Dodamo peteršilj in dobro premešamo. Postrežemo toplo.

"Žagan" krompir.

skok udarec

Za 4 porcije

Ko v italijanski restavraciji naročite krompirček, to dobite. Krompir postane zunaj rahlo hrustljav, znotraj pa mehak in kremast. Imenujejo se "dušeni" krompir, ker ga je treba pogosto mešati ali vreči v ponev.

1 1/4 funta večnamenskega krompirja, kot je Yukon Gold

1 1/4 skodelice olivnega olja

Sol in sveže mlet črni poper

1. Krompir zdrgnite s krtačo pod mrzlo vodo. Krompir olupimo. Narežite jih na 1 cm velike kose.

2. V 9-palčno ponev nalijte olje. Ponev postavite na srednje močan ogenj, dokler se olje zelo ne segreje in ob dodajanju kos krompirja zacvrči.

3. Krompir dobro osušimo s kuhinjskim papirjem. Krompir dodamo na vroče olje in kuhamo 2 minuti. Krompir obrnemo in kuhamo še 2 minuti. Nadaljujte s kuhanjem, obračajte krompir vsaki 2 minuti ali dokler rahlo ne porjavi z vseh strani, skupaj približno 10 minut.

4. Solimo in popramo po okusu. Ponev pokrijte in kuhajte, občasno obrnite, dokler se krompir ne zmehča, ko ga prebodete z nožem, približno 5 minut. Postrezite takoj.

Različica: Česen in zeliščni krompir: V 4. koraku dodajte 2 stroka mletega česna in žlico sesekljanega svežega rožmarina ali žajblja.

Pražen krompir in paprika

Krompir in feferoni v ponvi

Za 6 obrokov

Paprika, česen in rdeča paprika dodajo okus temu okusnemu ocvrtku.

1 1⁄4 funta večnamenskega krompirja, kot je Yukon Gold

4 žlice oljčnega olja

2 veliki rdeči ali rumeni papriki, narezani na 1-palčne kose

Podplat

1 1/4 skodelice sesekljanega svežega peteršilja

2 velika stroka česna

Ščepec sesekljane rdeče paprike

1. Krompir zdrgnite s krtačo pod mrzlo vodo. Olupite krompir in ga narežite na 1-palčne kose.

2. V večji ponvi na zmernem ognju segrejte 2 žlici olja. Krompir dobro osušimo s kuhinjskim papirjem in damo v pekač. Krompir kuhajte, občasno premešajte, dokler ne začne rjaveti, približno 10 minut. Potresemo s soljo. Ponev pokrijemo in pustimo kuhati 10 minut.

3. Medtem ko se krompir kuha, v ločeni ponvi na zmernem ognju segrejte preostali 2 žlici olja. Dodamo poper in sol po okusu. Kuhajte, občasno premešajte, dokler se paprika skoraj ne zmehča, približno 10 minut.

4. Vmešajte krompir, nato pa dodajte papriko. Dodamo peteršilj, česen in sesekljano rdečo papriko. Kuhajte, dokler se krompir ne zmehča, približno 5 minut. Postrezite toplo.

Krompirjev pire s peteršiljem in česnom

Krompirjev Schiacciate z Agliom in Prezzemolom

Za 4 porcije

Pire krompir dobi italijansko obdelavo s peteršiljem, česnom in oljčnim oljem. Če imate radi krompir pikanten, mu dodajte velik ščepec mlete rdeče paprike.

1 1⁄4 funta večnamenskega krompirja, kot je Yukon Gold

Podplat

1 1/4 skodelice olivnega olja

1 velik strok česna, drobno sesekljan

1 žlica sveže sesekljanega peteršilja

sveže mlet črni poper

1. Krompir zdrgnite s krtačo pod mrzlo vodo. Krompir olupimo in narežemo na četrtine. Krompir položite v srednje veliko ponev s hladno vodo, da je pokrita, in solite po okusu. Pokrijte in zavrite. Pečemo 15 minut oziroma

dokler se krompir ne zmehča, ko ga prebodemo z nožem. Krompir odcedimo, nekaj vode prihranimo.

2. Posodo, kjer se je kuhal krompir, osušimo. Dodajte 2 žlici olja in česen ter kuhajte na srednjem ognju, dokler česen ne zadiši, približno 1 minuto. V ponev dodamo krompir in peteršilj. Krompir pretlačite s tlačilko ali vilicami in dobro premešajte, da se zmeša s česnom in peteršiljem. Dodamo preostalo olje, sol in poper po okusu. Po potrebi dodajte malo vrele vode. Postrezite takoj.

Različica: Oljčni pire krompir: tik pred serviranjem dodajte 2 žlici sesekljanih črnih ali zelenih oliv.

Mlad krompir z zelišči in slanino

Patatin vse Erbe Aromatica

Za 4 porcije

Tako pripravljen mlad krompir je okusen. (Mladi krompir ni sorta. Vsak sveže izkopan krompir s tanko lupino lahko imenujemo mlad krompir.) Če mladega krompirja ni na voljo, uporabite vsestranski krompir.

1⁄4 funta majhnega mladega krompirja

2 unči narezane slanine, narezane na kocke

1 srednja čebula, sesekljana

2 žlici olivnega olja

1 strok česna, drobno sesekljan

6 listov sveže bazilike, narezanih na koščke

1 žlica sveže sesekljanega rožmarina

1 lovorjev list

Sol in sveže mlet črni poper

1. Krompir zdrgnite s krtačo pod mrzlo vodo. Olupite jih, če želite. Krompir narežite na 1-palčne kose.

2. V večjo ponev damo panceto, čebulo in olivno olje. Kuhajte na srednjem ognju, dokler se ne zmehča, približno 5 minut.

3. Dodamo krompir in ob občasnem mešanju kuhamo 10 minut.

4. Dodamo česen, baziliko, rožmarin, lovorov list ter sol in poper po okusu. Ponev pokrijemo in med občasnim mešanjem kuhamo še 20 minut, dokler se krompir ne zmehča, ko ga prebodemo z vilicami. Dodamo malo vode, če krompir začne prehitro rjaveti.

5. Odstranite lovorjev list in postrezite toplo.

Krompir s paradižnikom in čebulo

Krompir v Pizzaioli

Za 6 do 8 obrokov.

Pečen krompir z okusom pice je značilen v Neaplju in drugih delih juga.

2 funta večnamenskega krompirja, kot je Yukon Gold

2 velika paradižnika, olupljena, semena in narezana

2 srednji čebuli, narezani

1 strok česna, drobno sesekljan

1 1/2 čajne žličke posušenega origana

1 1/4 skodelice olivnega olja

Sol in sveže mlet črni poper

1. Pečico segrejte na 450° F. Krompir operite s krtačo pod mrzlo vodo. Olupite jih, če želite. Krompir narežite na 1-palčne kose. V pekaču, ki je dovolj velik, da so sestavine v eni plasti, zmešajte krompir, paradižnik, čebulo, česen, origano, olje ter sol in poper po okusu. Sestavine enakomerno porazdelite po pekaču.

2. Na sredino pečice postavite rešetko. Zelenjavo pečemo na žaru, 2-3 krat premešamo 1 uro oziroma dokler krompir ni kuhan. Postrežemo toplo.

Pražen krompir s česnom in rožmarinom

Pražen krompir

Za 4 porcije

Nikoli se ne morem nasititi tega hrustljavega krompirja. Nihče se jim ne more upreti. Trik za pripravo je v tem, da uporabimo dovolj veliko ponev, da se koščki krompirja komaj dotikajo drug drugega in se ne nalagajo drug na drugega. Če vaša ponev ni dovolj velika, uporabite želatinasto ponev 15 x 10 x 1 palca ali dve manjši posodi.

2 funta večnamenskega krompirja, kot je Yukon Gold

1 1/4 skodelice olivnega olja

1 žlica sveže sesekljanega rožmarina

Sol in sveže mlet črni poper

2 stroka česna, drobno sesekljana

1. Na sredino pečice postavite rešetko. Pečico segrejte na 400° F. Krompir operite s krtačo pod hladno tekočo vodo.

Olupite jih, če želite. Krompir narežite na 1-palčne kose. Krompir osušite s kuhinjskim papirjem. Položite jih v pekač, ki je dovolj velik, da lahko krompir položite v eno plast. Pokapljamo z oljem in potresemo z rožmarinom ter solimo in popramo po okusu. Enakomerno porazdelite krompir.

2. Krompir pečemo na žaru in ga vsakih 15 minut mešamo 45 minut. Dodamo česen in kuhamo še 15 minut oziroma dokler se krompir ne zmehča. Postrezite toplo.

Pečen krompir z gobami

Pečen krompir in gobe

Za 6 obrokov

Krompir se med praženjem v istem loncu navzame nekaj arome gob in česna.

1 1/2 funta večnamenskega krompirja, kot je Yukon Gold

1 funt gob, katere koli vrste, prepolovljene ali na četrtine, če so velike

1 1/4 skodelice olivnega olja

2 ali 3 stroki česna, na tanko narezani

Sol in sveže mlet črni poper

2 žlici sesekljanega svežega peteršilja

1. Na sredino pečice postavite rešetko. Pečico segrejte na 400° F. Krompir operite s krtačo pod hladno tekočo vodo. Olupite jih, če želite. Krompir narežite na 1-palčne kose. Krompir in gobe položite v velik pekač. Zelenjavo

potresemo z oljem, česnom ter dobrim ščepcem soli in popra.

2. Zelenjavo pečemo na žaru 15 minut. Odvrzi jih. Med občasnim mešanjem pecite nadaljnjih 30 minut oziroma dokler se krompir ne zmehča. Potresemo s sesekljanim peteršiljem in postrežemo vroče.

Krompir in cvetača, bazilikata

Pečen krompir in Cavolfiore

Naredite 4 do 6

V pečico vrzite lonec krompirja in cvetače skupaj s svinjsko ali piščančjo pečenko za dobro nedeljsko večerjo. Zelenjava mora biti hrustljava in zlata po robovih, njen okus pa naj bo okrepljen z vonjem po origanu.

1 manjša cvetača

1 1/4 skodelice olivnega olja

3 srednje veliki večnamenski krompirji, kot je na četrtine narezan Yukon Gold

1 1/2 čajne žličke posušenega origana, zdrobljenega

Sol in sveže mlet črni poper

1. Cvetačo narežite na 2-palčne cvetove. Odrežite konce stebel. Debela stebla prečno narežite na 1/4-palčne rezine.

2. Na sredino pečice postavite rešetko. Pečico segrejte na 400° F. V pekač velikosti 13×9×2 palcev nalijte olje. Dodajte zelenjavo in dobro premešajte. Potresemo z origanom ter solimo in popramo po okusu. Ponovno premešajte.

3. Pečemo 45 minut ali dokler zelenjava ni mehka in zlato rjava. Postrežemo toplo.

Krompir in zelje v ponvi

Krompir in Cavolo v Tegame

Za 4 do 6 obrokov

Različice te jedi najdemo po vsej Italiji. V Furlaniji v ponev k čebuli dodajo še dimljeno panceto. Všeč mi je ta preprosta različica Basilicate. Rožnata barva čebule dopolnjuje kremasto bel krompir in ohrovt. Krompir postane tako bel, da je videti kot pire, ko je zelje mehko.

3 žlice oljčnega olja

1 srednja rdeča čebula, sesekljana

1 1/2 srednje velikega zelja, narezanega na tanke rezine (približno 4 skodelice)

3 srednje veliki univerzalni krompirji, kot je Yukon Gold, olupljeni in narezani na majhne koščke

1 1/2 skodelice vode

Sol in sveže mlet črni poper

1. V večjo ponev vlijemo olje. Dodajte čebulo in kuhajte na zmernem ognju, pogosto mešajte, dokler se ne zmehča, približno 5 minut.

2. Dodamo zelje, krompir, vodo ter po okusu solimo in popramo. Pokrijte in med občasnim mešanjem kuhajte 30 minut oziroma dokler se zelenjava ne zmehča. Če se zelenjava začne prijemati, dodajte še malo vode. Postrežemo toplo.

Krompirjeva in špinačna pita

Krompirjeva in špinačna torta

Za 8 obrokov

Ko sem v Rimu jedla to zelenjavno torto, je bila narejena z radičem namesto s špinačo. Rimski radič izgleda kot mlad regrat ali zrela rukola. Špinača je dober nadomestek za radič. Za najbolši okus pustite, da se jed nekoliko ohladi, preden jo postrežete.

2 funta večnamenskega krompirja, kot je Yukon Gold

Podplat

4 žlice nesoljenega masla

1 majhna čebula, zelo drobno sesekljana

1/2 funta špinače, radiča, zelenja regrata ali blitve, sesekljane

1 1/2 skodelice vode

1 1/2 skodelice toplega mleka

1 skodelica naribanega parmigiano-reggiana

sveže mlet črni poper

1 žlica krušnih drobtin

1. Krompir zdrgnite s krtačo pod mrzlo vodo. Olupite krompir in ga položite v srednje veliko ponev s hladno vodo, da je pokrit. Posolimo in ponev pokrijemo. Zavremo in kuhamo približno 20 minut oziroma dokler se krompir ne zmehča.

2. V manjši kozici na zmernem ognju stopite 2 žlici masla. Dodamo čebulo in med rednim mešanjem pražimo, dokler čebula ne postane mehka in zlato rjava.

3. Špinačo damo v večji lonec s 1/2 dl vode in solimo po okusu. Pokrijte in kuhajte, dokler se ne zmehča, približno 5 minut. Dobro odcedite in odstranite odvečno tekočino. Špinačo sesekljamo na deski.

4. V ponev damo špinačo in jo skupaj s čebulo premešamo.

5. Ko je krompir mehak, ga odcedimo in pretlačimo do gladkega. Dodajte preostali 2 žlici masla in mleko. Dodajte 3/4 skodelice sira in dobro premešajte. Solimo po okusu.

6. Na sredino pečice postavite rešetko. Pečico segrejte na 375°F.

7. Izdatno namastite 9-palčni pekač. Na krožnik razporedimo polovico krompirja. Naredite še eno plast vse špinače. Po vrhu potresemo s preostalim krompirjem. Potresemo s preostalo 1/4 skodelice sira in drobtinami.

8. Pečemo 45 do 50 minut oziroma dokler ni vrh zlato rjave barve. Pred serviranjem pustite počivati 15 minut.

Napolitanski krompirjevi kroketi

Panzerotti ali Crocche

pred približno 24 leti

V Neaplju so picerije na pločnikih postavile stojnice za prodajo tega okusnega pire krompirja v hrustljavem ovoju iz krušnih drobtin, tako da ga mimoidoči zlahka pojedo za kosilo ali prigrizek. Vendar je to recept moje babice. Za praznike in svečane priložnosti smo jedli vse leto, največkrat kot prilogo k rostbifu.

2 1/2 funta večnamenskega krompirja, kot je Yukon Gold

3 velika jajca

1 skodelica sveže naribanega Pecorina Romano ali Parmigiano-Reggiano

2 žlici sesekljanega svežega peteršilja

1/4 skodelice drobno sesekljane salame (približno 2 unči)

Sol in sveže mlet črni poper

2 skodelici suhih krušnih drobtin

Rastlinsko olje za cvrtje

1. Krompir zdrgnite s krtačo pod mrzlo vodo. Krompir položite v velik lonec s hladno vodo, da je pokrit. Lonec pokrijemo in vodo zavremo. Kuhajte na srednjem ognju, dokler se krompir ne zmehča, ko ga prebodete z vilicami, približno 20 minut. Krompir odcedimo in pustimo, da se nekoliko ohladi. Krompir olupimo. Postavite v veliko skledo in pretlačite z mešalnikom ali vilicami do gladkega.

2. Jajca ločimo, rumenjake damo v manjšo skledo, beljake pa stresemo na raven krožnik. Drobtine razporedite na kos voščenega papirja.

3. Krompirjevemu pireju dodamo rumenjake, sir, peteršilj in salamo. Solimo in popramo po okusu.

4. Uporabite približno 1/4 skodelice krompirjeve mešanice, da oblikujete klobaso, široko približno 1 in dolgo in 2 1/2 palca. Ponovite s preostalim krompirjem.

5. Beljake z mešalnikom ali vilicami penasto stepite. Krompir pomakamo v sneg iz beljakov, nato pa ga povaljamo v drobtinah, da ga popolnoma prekrijemo. Palčke položite na rešetko in pustite, da se sušijo 15 do 30 minut.

6. V veliko, težko ponev nalijte približno 1/2 palca olja. Segrevamo na zmernem ognju, dokler del beljaka ne povre, ko ga vlijemo v olje. Nekaj polen previdno položite v ponev, med njimi pa pustite nekaj prostora. Pečemo, občasno obračamo s kleščami, dokler ni enakomerno porjavel, približno 10 minut. Zlate krokete preložimo na papirnate brisače, da se odcedijo.

7. Postrezite takoj ali pa pustite krokete na toplem v pečici na nizki temperaturi, medtem ko popečete ostale.

Očetova neapeljska krompirjeva pita

Mačka'

Za 6 do 8 obrokov

Gatto' izhaja iz francoskega gateau, kar pomeni "torta". Izpeljava me navaja na domnevo, da so ta recept popularizirali v Franciji izobraženi Monzu, kuharji, ki so kuhali za aristokrate na neapeljskem dvoru.

Pri nas doma smo ji rekli krompirjeva pita in če ne bi imeli krompirjevih kroketov za nedeljsko večerjo, bi imeli to krompirjevo jed, ki je bila specialiteta mojega očeta.

2 1/2 funta večnamenskega krompirja, kot je Yukon Gold

Podplat

1/4 skodelice suhih krušnih drobtin

4 žlice (1/2 palčke) nesoljenega masla, zmehčanega

1 skodelica toplega mleka

1 skodelica plus 2 žlici naribanega parmigiano-reggiana

1 veliko jajce, pretepljeno

1⁄4 čajne žličke sveže naribanega muškatnega oreščka

Sol in sveže mlet črni poper

8 unč sveže narezane mocarele

4 unče uvožene italijanske salame ali pršuta, sesekljanega

1. Krompir zdrgnite s krtačo pod mrzlo vodo. Krompir položite v velik lonec s hladno vodo, da je pokrit. Solimo po okusu. Lonec pokrijemo in vodo zavremo. Kuhajte na srednjem ognju, dokler se krompir ne zmehča, ko ga prebodete z vilicami, približno 20 minut. Odcedite in pustite, da se nekoliko ohladi.

2. Na sredino pečice postavite rešetko. Pečico segrejte na 400 °F. Namastite 2-litrski pekač. Potresemo z drobtinami.

3. Krompir olupimo, damo v večjo skledo in pretlačimo z mešalnikom ali vilicami, da postane gladek. Dodajte 3 žlice masla, mleko, 1 skodelico parmigiana, jajce, muškatni oršček ter sol in poper po okusu. Dodamo mocarelo in salamo.

4. Zmes enakomerno razporedimo po pripravljeni posodi. Potresemo s preostalim parmigianom. Premažemo s preostalo 1 žlico masla.

5. Pečemo 35 do 45 minut oziroma dokler ni vrh zlato rjave barve. Pred serviranjem pustite na kratko stati na sobni temperaturi.

ocvrt paradižnik

Pomodori in Pan

Za 6 do 8 obrokov

Postrezite jih kot prilogo k pečenemu mesu na žaru ali na sobni temperaturi, nadrobljene na popečen kruh kot predjed.

8 češpljevih paradižnikov

1 1/4 skodelice olivnega olja

2 stroka česna, drobno sesekljana

2 žlici sesekljane sveže bazilike

Sol in sveže mlet črni poper

1. Paradižnik operemo in osušimo. Vsakemu paradižniku z majhnim nožem odrežite pecelj in ga odstranite. Paradižnik po dolgem prerežemo na pol.

2. V večjem loncu na srednjem ognju segrejte olje s česnom in baziliko. Dodajte polovice paradižnika s prerezano stranjo navzdol. Potresemo s soljo in poprom. Kuhajte, dokler paradižniki niso zlato rjavi in mehki, približno 10 minut. Postrezite toplo ali pri sobni temperaturi.

na pari kuhan paradižnik

Parjeni paradižnik

Za 4 porcije

Tukaj so sladki mali paradižniki, kuhani v lastnem soku. Postrezite jih kot prilogo k mesu ali ribam ali jih položite na vrh fritaje. Če paradižnik ni dovolj sladek, med kuhanjem dodamo malo sladkorja.

1 pol litra češnjevih ali grozdnih paradižnikov

2 žlici ekstra deviškega oljčnega olja

Podplat

6 listov bazilike, zloženih in narezanih na tanke trakove

1. Paradižnik operemo in osušimo. Razpolovite jih vzdolž stebla. V manjšo ponev damo paradižnik, olje in sol. Ponev pokrijemo in postavimo na majhen ogenj. Kuhajte 10 minut ali dokler se paradižniki ne zmehčajo, vendar ohranijo obliko.

2. Dodajte baziliko. Postrezite toplo ali pri sobni temperaturi.

pečen paradižnik

Pomodori v pečici

Za 8 obrokov

Te paradižnike začini še prevleka iz drobtin. Primerne so za ribe na žaru in večino jajčnih jedi.

8 češpljevih paradižnikov

1 skodelica krušnih drobtin

4 fileti inčunov, drobno sesekljani

2 žlici kaper, oplaknjenih in odcejenih

1 1/2 skodelice sveže naribanega rimskega pekorina

1 1/2 čajne žličke posušenega origana

3 žlice oljčnega olja

Sol in sveže mlet črni poper

1. Paradižnik operemo in osušimo. Paradižnik po dolgem prerežemo na pol. Z majhno žlico zajemajte semena v fino

mrežasto cedilo nad skledo, da zberete sok. Drobtine pražite v veliki ponvi na zmernem ognju, pogosto mešajte, dokler ne zadišijo, ne porjavijo, približno 5 minut. Odstranite z ognja in pustite, da se nekoliko ohladi.

2.Na sredino pečice postavite rešetko. Pečico segrejte na 400 ° F. Namastite velik pekač. Paradižnik položite v ponev s kožo navzgor.

3.V skledo s paradižnikovim sokom dodamo drobtine, inčune, kapre, sir, origano ter sol in poper. Dodajte 2 žlici oljčnega olja. Mešanico napolnite s paradižnikovo kožo. Pokapljamo s preostalo žlico olja.

4.Pečemo 40 minut ali dokler se paradižniki ne zmehčajo in drobtine zlate. Postrežemo toplo.

Farro polnjeni paradižniki

Zrel paradižnik

Za 4 porcije

Farro, starodavno žito, priljubljeno v Italiji, je odličen nadev za paradižnike, če ga zmešate s sirom in čebulo. Nekaj takega sem imel v L'Angolo Divino, vinskem baru v Rimu.

1 skodelica semi-pearl farro (ali bulgur ali nadomestek pšeničnih otrobov)

Podplat

4 veliki okrogli paradižniki

1 majhna čebula, drobno sesekljana

2 žlici olivnega olja

1/4 skodelice naribanega Pecorina Romana ali Parmigiano-Reggiano

sveže mlet črni poper

1. V srednje veliki ponvi zavrite 4 skodelice vode. Dodajte farro in sol po okusu. Kuhajte, dokler farro ni mehak, a še vedno žvečljiv, približno 30 minut. Farro odcedimo in damo v skledo.

2. V majhni ponvi na srednjem ognju na olju kuhajte čebulo do zlate barve, približno 10 minut.

3. Na sredino pečice postavite rešetko. Pečico segrejte na 350° F. Namastite majhen pekač, ki je dovolj velik, da vanj položite paradižnik.

4. Paradižnik operemo in osušimo. Z vrha vsakega paradižnika odrežite 1/2 palca debelo rezino in jo postavite na stran. Z majhno žlico izdolbite notranjost paradižnika in mezgo položite v fino mrežasto cedilo nad skledo. Paradižnikovo kožo položite na pekač.

5. V skledo s farrom dodamo precejeno paradižnikovo tekočino, popraženo čebulo, sir ter sol in poper po okusu. Mešanico prelijemo čez paradižnikovo kožo. Paradižnik pokrijte s prihranjenim vrhom.

6. Pečemo 20 minut oziroma dokler se paradižniki ne zmehčajo. Postrezite toplo ali pri sobni temperaturi.

Rimski polnjeni paradižniki

Pomodori Ripieni alla Romana

Za 6 obrokov

To je klasična rimska jed, ki jo običajno jemo pri sobni temperaturi kot prvo jed.

$3 1/4$ skodelice srednjezrnatega riža, kot je Arborio, Carnaroli ali Vialone Nano

Podplat

6 velikih okroglih paradižnikov

4 žlice oljčnega olja

3 fileti inčunov, drobno sesekljani

1 majhen strok česna, drobno sesekljan

$1 1/4$ skodelice sesekljane sveže bazilike

$1/4$ skodelice naribanega parmigiano-reggiana

1. Na močnem ognju zavrite 1 liter vode. Dodajte riž in 1 čajno žličko soli. Ogenj zmanjšamo na nizko in dušimo 10 minut oziroma toliko časa, da je riž delno kuhan, a še vedno zelo čvrst. Dobro odcedite. Riž položite v veliko skledo.

2. Na sredino pečice postavite rešetko. Pečico segrejte na 350° F. Namastite pekač, ki je dovolj velik, da vanj položite paradižnik.

3. Odrežite 1/2-palčno rezino z vrha paradižnika in jo postavite na stran. Z majhno žlico izdolbite notranjost paradižnika in mezgo položite v fino mrežasto cedilo nad skledo. V ponev dodajte paradižnikovo kožo.

4. V skledo z rižem dodamo precejeno paradižnikovo tekočino in olje, inčune, česen, baziliko, sir in sol po okusu. Temeljito premešajte. Mešanico prelijemo čez paradižnikovo kožo. Paradižnik pokrijte s prihranjenim vrhom.

5. Pečemo v pečici 20 minut oziroma dokler se riž ne zmehča. Postrezite toplo ali pri sobni temperaturi.

Pečen paradižnik z balzamičnim kisom

Balzamični paradižnik

Za 6 obrokov

Balzamični kis ima skoraj čaroben način izboljšanja okusa zelenjave. Poskusite to preprosto jed in jo postrezite kot predjed ali k mesu.

8 češpljevih paradižnikov

2 žlici olivnega olja

1 žlica balzamičnega kisa

Sol in sveže mlet črni poper

1. Na sredino pečice postavite rešetko. Pečico segrejte na 375° F. Namastite pekač, ki je dovolj velik, da lahko držite paradižnike v eni plasti.

2. Paradižnik operemo in osušimo. Paradižnik po dolgem prerežemo na pol. Izstrgajte semena paradižnika. V pekač položite polovice paradižnika s prerezano stranjo navzgor.

Pokapljamo z oljem in kisom ter potresemo s soljo in poprom.

3. Paradižnik kuhajte 45 minut ali dokler se ne zmehča. Postrezite pri sobni temperaturi.

bučkin karpačo

Carpaccio v Giallu in Verdu

Za 4 porcije

Enostavnejšo različico te osvežilne solate sem prvič jedla pri prijateljih vinarjih v Toskani. Z leti sem jo popestrila s kombinacijo rumenih in zelenih bučk ter dodala svežo meto.

2-3 majhne bučke, po možnosti mešanica rumene in zelene

3 žlice svežega limoninega soka

1/3 skodelice ekstra deviškega oljčnega olja

Sol in sveže mlet črni poper

2 žlici drobno sesekljane sveže mete

Približno 2 unči Parmigiano-Reggiano, v 1 kosu

1. Bučke s čopičem očistimo pod mrzlo vodo. Postrizite konice.

2. Bučko v sekljalniku ali na mandolini narežemo na zelo tanke rezine. Rezine položite v srednje veliko skledo.

3. V majhni skledi zmešajte limonin sok, olivno olje ter sol in poper po okusu, dokler se ne združijo. Dodajte meto. Potresemo z bučkami in dobro premešamo. Rezine razporedite po plitvi posodi.

4. Z lupilcem za zelenjavo parmigiano narežite na tanke rezine. Rezine razporedimo po bučkah. Postrezite takoj.